TRANZLATY

La Langue est pour tout le Monde

le Monde

Jezik je za sve

Le Manifeste Communiste

Komunistički Manifest

Karl Marx
&
Friedrich Engels

Français / Hrvatski

Copyright © 2025 Tranzlaty
All rights reserved.
Published by Tranzlaty
ISBN: 978-1-80572-360-8
Original text by Karl Marx and Friedrich Engels
The Communist Manifesto
First published in 1848
www.tranzlaty.com

Introduction
Uvod

Un spectre hante l'Europe : le spectre du communisme

Bauk proganja Europu – bauk komunizma

Toutes les puissances de la vieille Europe ont conclu une sainte alliance pour exorciser ce spectre

Sve sile stare Europe ušle su u sveti savez kako bi istjerale ovaj bauk

Le pape et le tsar, Metternich et Guizot, les radicaux français et les espions de la police allemande

Papa i car, Metternich i Guizot, francuski radikali i njemački policijski špijuni

Où est le parti dans l'opposition qui n'a pas été décrié comme communiste par ses adversaires au pouvoir ?

Gdje je stranka u opoziciji koju njezini protivnici na vlasti nisu osudili kao komunističku?

Où est l'opposition qui n'a pas rejeté le reproche de marque du communisme contre les partis d'opposition les plus avancés ?

Gdje je oporba koja nije odbacila žigosanje komunizma protiv naprednijih oporbenih stranaka?

Et où est le parti qui n'a pas porté l'accusation contre ses adversaires réactionnaires ?

A gdje je stranka koja nije iznijela optužbe protiv svojih reakcionarnih protivnika?

Deux choses résultent de ce fait

Iz ove činjenice proizlaze dvije stvari

I. Le communisme est déjà reconnu par toutes les puissances européennes comme étant lui-même une puissance

I. Komunizam je već priznat od strane svih europskih sila kao sila

II. Il est grand temps que les communistes publient ouvertement, à la face du monde entier, leurs vues, leurs buts et leurs tendances

II. Krajnje je vrijeme da komunisti otvoreno, pred očima cijelog svijeta, objave svoje stavove, ciljeve i tendencije

ils doivent répondre à ce conte enfantin du spectre du communisme par un manifeste du parti lui-même

moraju se suočiti s ovom dječjom pričom o Duhu komunizma s Manifestom same partije

À cette fin, des communistes de diverses nationalités se sont réunis à Londres et ont esquissé le manifeste suivant

U tu svrhu, komunisti različitih nacionalnosti okupili su se u Londonu i skicirali sljedeći Manifest

ce manifeste sera publié en anglais, français, allemand, italien, flamand et danois

ovaj manifest objavljuje se na engleskom, francuskom, njemačkom, talijanskom, flamanskom i danskom jeziku

Et maintenant, il doit être publié dans toutes les langues proposées par Tranzlaty

A sada će biti objavljen na svim jezicima koje Tranzlaty nudi

Les bourgeois et les prolétaires
Buržoazija i proleteri
L'histoire de toutes les sociétés qui ont existé jusqu'à présent est l'histoire des luttes de classes
Povijest svih dosadašnjih društava je povijest klasnih borbi
Homme libre et esclave, patricien et plébéien, seigneur et serf, maître de guilde et compagnon
Slobodnjak i rob, patricij i plebejac, gospodar i kmet, cehovski gospodar i šegrt
en un mot, oppresseur et opprimé
jednom riječju, tlačitelj i potlačeni
Ces classes sociales étaient en opposition constante les unes avec les autres
Te su društvene klase stajale u stalnoj opoziciji jedna drugoj
Ils se sont battus sans interruption. Maintenant caché, maintenant ouvert
Vodili su neprekinutu borbu. Sada skriveno, sada otvoreno
un combat qui s'est terminé par une reconstitution révolutionnaire de la société dans son ensemble
borba koja je završila revolucionarnom rekonstitucijom društva u cjelini
ou un combat qui s'est terminé par la ruine commune des classes en lutte
ili borba koja je završila zajedničkom propasti sukobljenih klasa
Jetons un coup d'œil aux époques antérieures de l'histoire
Osvrnimo se na ranije epohe povijesti
Nous trouvons presque partout un arrangement compliqué de la société en divers ordres
gotovo svugdje nalazimo komplicirano uređenje društva u različite poretke
Il y a toujours eu une gradation multiple du rang social
uvijek je postojala višestruka gradacija društvenog ranga
Dans la Rome antique, nous avons des patriciens, des chevaliers, des plébéiens, des esclaves
U starom Rimu imamo patricije, vitezove, plebejce, robove

au Moyen Âge : seigneurs féodaux, vassaux, maîtres de corporation, compagnons, apprentis, serfs

u srednjem vijeku: feudalni gospodari, vazali, cehovski majstori, šegrti, kmetovi

Dans presque toutes ces classes, encore une fois, les gradations subordonnées

U gotovo svim tim razredima, opet, podređene gradacije

La société bourgeoise moderne est née des ruines de la société féodale

Moderno buržoasko društvo niknulo je iz ruševina feudalnog društva

Mais ce nouvel ordre social n'a pas fait disparaître les antagonismes de classe

Ali ovaj novi društveni poredak nije uklonio klasne antagonizme

Elle n'a fait qu'établir de nouvelles classes et de nouvelles conditions d'oppression

On je samo uspostavio nove klase i nove uvjete ugnjetavanja

Il a mis en place de nouvelles formes de lutte à la place des anciennes

uspostavila je nove oblike borbe umjesto starih

Cependant, l'époque dans laquelle nous nous trouvons possède un trait distinctif

Međutim, epoha u kojoj se nalazimo ima jednu posebnost

l'époque de la bourgeoisie a simplifié les antagonismes de classe

epoha buržoazije pojednostavila je klasne antagonizme

La société dans son ensemble se divise de plus en plus en deux grands camps hostiles

Društvo u cjelini sve se više dijeli u dva velika neprijateljska tabora

deux grandes classes sociales qui se font directement face : la bourgeoisie et le prolétariat

dvije velike društvene klase izravno okrenute jedna prema drugoj: buržoazija i proletarijat

Des serfs du Moyen Âge sont sortis les bourgeois agréés des premières villes

Od kmetova srednjeg vijeka potekli su ovlašteni građani najranijih gradova

C'est à partir de ces bourgeois que se sont développés les premiers éléments de la bourgeoisie

Od ovih građana razvijeni su prvi elementi buržoazije

La découverte de l'Amérique et le contournement du Cap

Otkriće Amerike i zaokruživanje rta

ces événements ont ouvert un nouveau terrain à la bourgeoisie montante

ovi događaji otvorili su svježe tlo za buržoaziju u usponu

Les marchés des Indes orientales et de la Chine, la colonisation de l'Amérique, le commerce avec les colonies

Istočnoindijsko i kinesko tržište, kolonizacija Amerike, trgovina s kolonijama

l'augmentation des moyens d'échange et des marchandises en général

povećanje sredstava razmjene i roba općenito

Ces événements donnèrent au commerce, à la navigation et à l'industrie une impulsion jamais connue jusque-là

Ovi događaji dali su trgovini, plovidbi i industriji impuls koji nikada prije nije bio poznat

Elle a donné un développement rapide à l'élément révolutionnaire dans la société féodale chancelante

To je omogućilo brzi razvoj revolucionarnog elementa u posrnulom feudalnom društvu

Les guildes fermées avaient monopolisé le système féodal de la production industrielle

zatvoreni cehovi monopolizirali su feudalni sustav industrijske proizvodnje

Mais cela ne suffisait plus aux besoins croissants des nouveaux marchés

Ali to više nije bilo dovoljno za rastuće potrebe novih tržišta

Le système manufacturier a pris la place du système féodal de l'industrie

Proizvodni sustav zauzeo je mjesto feudalnog sustava industrije

Les maîtres de guilde étaient poussés d'un côté par la classe moyenne manufacturière

Cehovske majstore gurnula je na jednu stranu proizvodna srednja klasa

La division du travail entre les différentes corporations a disparu

Nestala je podjela rada između različitih korporativnih cehova

La division du travail s'infiltrait dans chaque atelier

podjela rada prodrla je u svaku pojedinu radionicu

Pendant ce temps, les marchés ne cessaient de croître et la demande ne cessait d'augmenter

U međuvremenu, tržišta su stalno rasla, a potražnja je rasla

Même les usines ne suffisaient plus à répondre à la demande

Čak ni tvornice više nisu bile dovoljne da zadovolje zahtjeve

À partir de là, la vapeur et les machines ont révolutionné la production industrielle

Nakon toga, para i strojevi revolucionirali su industrijsku proizvodnju

La place de fabrication a été prise par le géant de l'industrie moderne

Mjesto proizvodnje zauzeo je div, Moderna industrija

La place de la classe moyenne industrielle a été prise par des millionnaires industriels

mjesto industrijske srednje klase zauzeli su industrijski milijunaši

la place de chefs d'armées industrielles entières ont été prises par la bourgeoisie moderne

mjesto vođa cijelih industrijskih vojski zauzela je moderna buržoazija

la découverte de l'Amérique a ouvert la voie à l'industrie moderne pour établir le marché mondial

otkriće Amerike otvorilo je put modernoj industriji da uspostavi svjetsko tržište

Ce marché donna un immense développement au commerce, à la navigation et aux communications par terre

Ovo tržište dalo je ogroman razvoj trgovini, plovidbi i komunikaciji kopnom

Cette évolution a, en son temps, réagi à l'extension de l'industrie

Taj je razvoj u svoje vrijeme reagirao na širenje industrije

elle a réagi proportionnellement à l'expansion de l'industrie et à l'extension du commerce, de la navigation et des chemins de fer

reagirao je proporcionalno tome kako se industrija širila i kako su se širile trgovine, plovidbe i željeznica

dans la même proportion que la bourgeoisie s'est développée, elle a augmenté son capital

u istom omjeru u kojem se razvijala buržoazija, povećali su svoj kapital

et la bourgeoisie a relégué à l'arrière-plan toutes les classes héritées du Moyen Âge

a buržoazija je gurnula u drugi plan svaku klasu koja se prenosila iz srednjeg vijeka

c'est pourquoi la bourgeoisie moderne est elle-même le produit d'un long développement

stoga je moderna buržoazija sama po sebi proizvod dugog tijeka razvoja

On voit qu'il s'agit d'une série de révolutions dans les modes de production et d'échange

Vidimo da je to niz revolucija u načinima proizvodnje i razmjene

Chaque étape du développement de la bourgeoisie s'accompagnait d'une avancée politique correspondante

Svaki razvojni korak buržoazije bio je popraćen odgovarajućim političkim napretkom

Une classe opprimée sous l'emprise de la noblesse féodale

Potlačena klasa pod vlašću feudalnog plemstva

Une association armée et autonome dans la commune médiévale

Oružana i samoupravna udruga u srednjovjekovnoj komuni
**ici, une république urbaine indépendante (comme en Italie
et en Allemagne)**
ovdje, neovisna urbana republika (kao u Italiji i Njemačkoj)
**là, un « tiers état » imposable de la monarchie (comme en
France)**
tamo, oporezivi "treći stalež" monarhije (kao u Francuskoj)
par la suite, dans la période de fabrication proprement dite
nakon toga, u razdoblju proizvodnje
**la bourgeoisie servait soit la monarchie semi-féodale, soit la
monarchie absolue**
buržoazija je služila ili polufeudalnoj ili apsolutnoj monarhiji
ou bien la bourgeoisie faisait contrepoids à la noblesse
ili je buržoazija djelovala kao protuteža plemstvu
**et, en fait, la bourgeoisie était une pierre angulaire des
grandes monarchies en général**
i, zapravo, buržoazija je bila kamen temeljac velikih monarhija
općenito
**mais l'industrie moderne et le marché mondial se sont
établis depuis lors**
ali moderna industrija i svjetsko tržište etablirali su se od tada
**et la bourgeoisie s'est emparée de l'emprise politique
exclusive**
i buržoazija je osvojila za sebe isključivu političku vlast
**elle a obtenu cette influence politique à travers l'État
représentatif moderne**
postigao je taj politički utjecaj kroz modernu predstavničku
državu
**Les exécutifs de l'État moderne ne sont qu'un comité de
gestion**
Izvršni direktori moderne države samo su upravni odbor
et ils gèrent les affaires communes de toute la bourgeoisie
i oni upravljaju zajedničkim poslovima cijele buržoazije
**La bourgeoisie, historiquement, a joué un rôle des plus
révolutionnaires**

Buržoazija je, povijesno gledano, odigrala najrevolucionarniju ulogu

Partout où elle a pris le dessus, elle a mis fin à toutes les relations féodales, patriarcales et idylliques

gdje god je prevladala, okončala je sve feudalne, patrijarhalne i idilične odnose

Elle a impitoyablement déchiré les liens féodaux hétéroclites qui liaient l'homme à ses « supérieurs naturels »

Nemilosrdno je rastrgao šarolike feudalne veze koje su povezivale čovjeka s njegovim "prirodnim nadređenima"

et il n'y a plus de lien entre l'homme et l'homme, si ce n'est l'intérêt personnel

i nije ostavio nikakvu vezu između čovjeka i čovjeka, osim golog osobnog interesa

Les relations de l'homme entre eux ne sont plus qu'un « paiement en espèces » impitoyable

Međusobni odnosi ljudi postali su ništa više od bešćutnog "gotovinskog plaćanja"

Elle a noyé les extases les plus célestes de la ferveur religieuse

Utopio je najnebeskije ekstaze religioznog žara

elle a noyé l'enthousiasme chevaleresque et le sentimentalisme philistin

Utopio je viteški entuzijazam i filistarski sentimentalizam

Il a noyé ces choses dans l'eau glacée du calcul égoïste

utopio je te stvari u ledenoj vodi egoistične kalkulacije

Il a transformé la valeur personnelle en valeur échangeable

Osobnu vrijednost pretvorio je u zamjenjivu vrijednost

elle a remplacé les innombrables et inaliénables libertés garanties par la Charte

zamijenio je bezbrojne i neotuđive unajmljene slobode

et il a mis en place une liberté unique et inadmissible ; Libre-échange

i uspostavio je jedinstvenu, nesavjesnu slobodu; Slobodna trgovina

En un mot, il l'a fait pour l'exploitation

Jednom riječju, to je učinio zbog eksploatacije

Une exploitation voilée par des illusions religieuses et politiques

eksploatacija prikrivena vjerskim i političkim iluzijama

l'exploitation voilée par une exploitation nue, éhontée, directe, brutale

eksploatacija prikrivena golim, besramnim, izravnim, brutalnim iskorištavanjem

la bourgeoisie a enlevé l'auréole de toutes les occupations jusque-là honorées et vénérées

buržoazija je skinula aureolu sa svakog prethodno časnog i poštovanog zanimanja

le médecin, l'avocat, le prêtre, le poète et l'homme de science

liječnik, odvjetnik, svećenik, pjesnik i čovjek znanosti

Il a converti ces travailleurs distingués en ses travailleurs salariés

pretvorio je ove ugledne radnike u svoje plaćene najamne radnike

La bourgeoisie a déchiré le voile sentimental de la famille

Buržoazija je strgnula sentimentalni veo s obitelji

et elle a réduit la relation familiale à une simple relation d'argent

i svela je obiteljski odnos na puki novčani odnos

la brutale démonstration de vigueur au Moyen Âge que les réactionnaires admirent tant

brutalni prikaz snage u srednjem vijeku kojem se reakcionisti toliko dive

Même cela a trouvé son complément approprié dans l'indolence la plus paresseuse

Čak je i to našlo svoj prikladan dodatak u najlijenijoj indolenciji

La bourgeoisie a révélé comment tout cela s'est passé

Buržoazija je otkrila kako se sve to dogodilo

La bourgeoisie a été la première à montrer ce que l'activité de l'homme peut produire

Buržoazija je bila prva koja je pokazala što čovjekova aktivnost može donijeti

Il a accompli des merveilles surpassant de loin les pyramides égyptiennes, les aqueducs romains et les cathédrales gothiques

Ostvario je čuda koja daleko nadmašuju egipatske piramide, rimske akvadukte i gotičke katedrale

et il a mené des expéditions qui ont mis dans l'ombre tous les anciens Exodes des nations et les croisades

i provodio je ekspedicije koje su zasjenile sve nekadašnje egzoduse naroda i križarske ratove

La bourgeoisie ne peut exister sans révolutionner sans cesse les instruments de production

Buržoazija ne može postojati bez stalne revolucije u proizvodnim instrumentima

et par conséquent elle ne peut exister sans ses rapports à la production

i stoga ne može postojati bez svojih odnosa prema proizvodnji

et donc elle ne peut exister sans ses relations avec la société

i stoga ne može postojati bez svojih odnosa s društvom

Toutes les classes industrielles antérieures avaient une condition en commun

Sve ranije industrijske klase imale su jedan zajednički uvjet

Ils s'appuyaient sur la conservation des anciens modes de production

oslanjali su se na očuvanje starih načina proizvodnje

mais la bourgeoisie a apporté avec elle une dynamique tout à fait nouvelle

ali buržoazija je sa sobom donijela potpuno novu dinamiku

Révolution constante de la production et perturbation ininterrompue de toutes les conditions sociales

Stalna revolucija u proizvodnji i neprekidno narušavanje svih društvenih uvjeta

cette incertitude et cette agitation perpétuelles distinguent l'époque bourgeoise de toutes les époques antérieures

ova vječna neizvjesnost i uznemirenost razlikuje buržoasku epohu od svih ranijih

Les relations antérieures avec la production s'accompagnaient de préjugés et d'opinions anciens et vénérables

prijašnji odnosi s proizvodnjom dolazili su sa starim i časnim predrasudama i mišljenjima

Mais toutes ces relations figées et figées sont balayées d'un revers de main

Ali svi ti fiksni, brzo zamrznuti odnosi su pometeni

Toutes les relations nouvellement formées deviennent archaïques avant de pouvoir s'ossifier

Svi novoformirani odnosi postaju zastarjeli prije nego što mogu okoštati

Tout ce qui est solide se fond dans l'air, et tout ce qui est saint est profané

Sve što je čvrsto topi se u zraku, i sve što je sveto je oskvrnuto

L'homme est enfin forcé de faire face, avec des sens sobres, à ses conditions réelles de vie

čovjek je konačno prisiljen suočiti se s trezvenim osjetilima sa svojim stvarnim životnim uvjetima

et il est obligé de faire face à ses relations avec les siens

i prisiljen je suočiti se sa svojim odnosima sa svojom vrstom

La bourgeoisie a constamment besoin d'élargir ses marchés pour ses produits

Buržoazija stalno treba širiti svoja tržišta za svoje proizvode

et, à cause de cela, la bourgeoisie est poursuivie sur toute la surface du globe

i, zbog toga, buržoazija je progonjena po cijeloj površini zemaljske kugle

La bourgeoisie doit se nicher partout, s'installer partout, établir des liens partout

Buržoazija se mora svugdje ugnijezditi, svugdje se naseliti, svugdje uspostaviti veze

La bourgeoisie doit créer des marchés dans tous les coins du monde pour exploiter

Buržoazija mora stvoriti tržišta u svakom kutku svijeta kako bi eksploatirala

La production et la consommation dans tous les pays ont reçu un caractère cosmopolite

proizvodnja i potrošnja u svakoj zemlji dobila je kozmopolitski karakter

le chagrin des réactionnaires est palpable, mais il s'est poursuivi malgré tout

ogorčenost reakcionista je opipljiva, ali se nastavila bez obzira na to

La bourgeoisie a tiré de dessous les pieds de l'industrie le terrain national sur lequel elle se trouvait

Buržoazija je ispod nogu industrije izvukla nacionalno tlo na kojem je stajala

Toutes les anciennes industries nationales ont été détruites, ou sont détruites chaque jour

sve stare nacionalne industrije su uništene, ili se svakodnevno uništavaju

Toutes les anciennes industries nationales sont délogées par de nouvelles industries

sve stare nacionalne industrije istisnute su novim industrijama

Leur introduction devient une question de vie ou de mort pour toutes les nations civilisées

njihovo uvođenje postaje pitanje života i smrti za sve civilizirane narode

Ils sont délogés par les industries qui ne travaillent plus la matière première indigène

istiskuju ih industrije koje više ne obrađuju domaće sirovine

Au lieu de cela, ces industries extraient des matières premières des zones les plus reculées

umjesto toga, ove industrije izvlače sirovine iz najudaljenijih zona

dont les produits sont consommés, non seulement chez nous, mais dans tous les coins du monde

industrije čiji se proizvodi konzumiraju, ne samo kod kuće, već i u svim dijelovima svijeta

À la place des anciens besoins, satisfaits par les productions du pays, nous trouvons de nouveaux besoins

Umjesto starih potreba, zadovoljenih proizvodima zemlje, nalazimo nove želje

Ces nouveaux besoins exigent pour leur satisfaction les produits des pays et des climats lointains

Ove nove potrebe zahtijevaju za svoje zadovoljenje proizvode dalekih zemalja i podneblja

À la place de l'ancien isolement et de l'autosuffisance locaux et nationaux, nous avons le commerce

Umjesto stare lokalne i nacionalne osamljenosti i samodostatnosti, imamo trgovinu

les échanges internationaux dans toutes les directions ; l'interdépendance universelle des nations

međunarodna razmjena u svim smjerovima; univerzalna međuovisnost naroda

Et de même que nous sommes dépendants des matériaux, nous sommes dépendants de la production intellectuelle

i baš kao što smo ovisni o materijalima, tako smo i ovisni o intelektualnoj proizvodnji

Les créations intellectuelles des nations individuelles deviennent la propriété commune

Intelektualne tvorevine pojedinih naroda postaju zajedničko vlasništvo

L'unilatéralité nationale et l'étroitesse d'esprit deviennent de plus en plus impossibles

Nacionalna jednostranost i uskogrudnost postaju sve nemogući

et des nombreuses littératures nationales et locales, surgit une littérature mondiale

a iz brojnih nacionalnih i lokalnih književnosti proizlazi svjetska književnost

par l'amélioration rapide de tous les instruments de production

brzim poboljšanjem svih instrumenata proizvodnje

par les moyens de communication immensément facilités

neizmjerno olakšanim sredstvima komunikacije

La bourgeoisie entraîne tout le monde (même les nations les plus barbares) dans la civilisation

Buržoazija privlači sve (čak i najbarbarskije nacije) u civilizaciju

Les prix bon marché de ses marchandises ; l'artillerie lourde qui abat toutes les murailles chinoises

Niske cijene njezine robe; teško topništvo koje ruši sve kineske zidine

La haine obstinée des barbares contre les étrangers est forcée de capituler

Tvrdoglava mržnja barbara prema strancima prisiljena je kapitulirati

Elle oblige toutes les nations, sous peine d'extinction, à adopter le mode de production bourgeois

Prisiljava sve nacije, pod prijetnjom izumiranja, da prihvate buržoaski način proizvodnje

elle les oblige à introduire ce qu'elle appelle la civilisation en leur sein

prisiljava ih da u svoju sredinu uvedu ono što naziva civilizacijom

La bourgeoisie force les barbares à devenir eux-mêmes bourgeois

Buržoazija prisiljava barbare da i sami postanu buržoazija

en un mot, la bourgeoisie crée un monde à son image

jednom riječju, buržoazija stvara svijet po svojoj slici

La bourgeoisie a soumis les campagnes à la domination des villes

Buržoazija je podvrgnula selo vladavini gradova

Il a créé d'énormes villes et considérablement augmenté la population urbaine

Stvorio je ogromne gradove i uvelike povećao urbano stanovništvo

Il a sauvé une partie considérable de la population de l'idiotie de la vie rurale

spasio je znatan dio stanovništva od idiotizma seoskog života

mais elle a rendu les ruraux dépendants des villes

ali je učinila one na selu ovisnima o gradovima

et de même, elle a rendu les pays barbares dépendants des pays civilisés

Isto tako, učinila je barbarske zemlje ovisnima o civiliziranim

nations paysannes sur nations bourgeoises, l'Orient sur Occident

nacije seljaka na narode buržoazije, istok na zapad

La bourgeoisie se débarrasse de plus en plus de l'éparpillement de la population

Buržoazija sve više uklanja raštrkano stanje stanovništva

Il a une production agglomérée et a concentré la propriété entre quelques mains

Ima aglomeriranu proizvodnju i koncentrirano vlasništvo u nekoliko ruku

La conséquence nécessaire de cela a été la centralisation politique

Nužna posljedica toga bila je politička centralizacija

Il y avait eu des nations indépendantes et des provinces vaguement reliées entre elles

Postojale su neovisne nacije i labavo povezane provincije

Ils avaient des intérêts, des lois, des gouvernements et des systèmes d'imposition distincts

imali su odvojene interese, zakone, vlade i sustave oporezivanja

Mais ils ont été regroupés en une seule nation, avec un seul gouvernement

ali su se svrstali u jednu naciju, s jednom vladom

Ils ont maintenant un intérêt de classe national, une frontière et un tarif douanier

sada imaju jedan nacionalni klasni interes, jednu granicu i jednu carinsku tarifu

Et cet intérêt de classe national est unifié sous un seul code de loi

a ovaj nacionalni klasni interes ujedinjen je pod jednim zakonom la bourgeoisie a accompli beaucoup de choses au cours de son règne d'à peine cent ans

buržoazija je postigla mnogo tijekom svoje vladavine od jedva stotinu godina

forces productives plus massives et plus colossales que toutes les générations précédentes réunies

masivnije i kolosalnije proizvodne snage nego što su to imale sve prethodne generacije zajedno

Les forces de la nature sont soumises à la volonté de l'homme et de ses machines

Sile prirode podređene su volji čovjeka i njegove mašinerije

La chimie s'applique à toutes les formes d'industrie et à tous les types d'agriculture

Kemija se primjenjuje u svim oblicima industrije i vrstama poljoprivrede

la navigation à vapeur, les chemins de fer, les télégraphes électriques et l'imprimerie

parna plovidba, željeznice, električni telegrafi i tiskarski stroj

défrichement de continents entiers pour la culture, canalisation des rivières

čišćenje cijelih kontinenata za obradu, kanalizacija rijeka

Des populations entières ont été extirpées du sol et mises au travail

cijele populacije su dočarane iz zemlje i stavljene na posao

Quel siècle précédent avait ne serait-ce qu'un pressentiment de ce qui pourrait être déchaîné ?

Koje je ranije stoljeće imalo čak i predosjećaj onoga što se može osloboditi?

Qui aurait prédit que de telles forces productives sommeillaient dans le giron du travail social ?

Tko je predvidio da takve proizvodne snage drijemaju u krilu društvenog rada?

Nous voyons donc que les moyens de production et d'échange ont été générés dans la société féodale

Vidimo da su sredstva za proizvodnju i razmjenu nastala u feudalnom društvu

les moyens de production sur la base desquels la bourgeoisie s'est construite

sredstva za proizvodnju na čijim se temeljima buržoazija izgradila

À un certain stade du développement de ces moyens de production et d'échange

U određenoj fazi razvoja ovih sredstava proizvodnje i razmjene

les conditions dans lesquelles la société féodale produisait et échangeait

uvjeti pod kojima je feudalno društvo proizvodilo i razmjenjivalo

L'organisation féodale de l'agriculture et de l'industrie manufacturière

Feudalna organizacija poljoprivrede i prerađivačke industrije

Les rapports féodaux de propriété n'étaient plus compatibles avec les conditions matérielles

feudalni vlasnički odnosi više nisu bili kompatibilni s materijalnim uvjetima

Ils devaient être brisés, alors ils ont été brisés

Morali su se rasprsnuti, pa su ih rasprsnuli

À leur place s'est ajoutée la libre concurrence des forces productives

Na njihovo mjesto zakoračila je slobodna konkurencija proizvodnih snaga

et ils étaient accompagnés d'une constitution sociale et politique adaptée à celle-ci

i bili su popraćeni društvenim i političkim ustavom prilagođenim njemu

et elle s'accompagnait de l'emprise économique et politique de la classe bourgeoise

i bio je popraćen ekonomskim i političkim utjecajem buržoaske klase

Un mouvement similaire est en train de se produire sous nos yeux

Sličan pokret odvija se pred našim očima

La société bourgeoise moderne avec ses rapports de production, d'échange et de propriété

Moderno buržoasko društvo sa svojim odnosima proizvodnje, razmjene i vlasništva

une société qui a inventé des moyens de production et d'échange aussi gigantesques

društvo koje je dočaralo takva gigantska sredstva proizvodnje i razmjene

C'est comme le sorcier qui a invoqué les puissances de l'au-delà

To je poput čarobnjaka koji je prizvao moći donjeg svijeta

Mais il n'est plus capable de contrôler ce qu'il a mis au monde

Ali on više nije u stanju kontrolirati ono što je donio na svijet

Pendant de nombreuses décennies, l'histoire a été liée par un fil conducteur

Mnogo desetljeća prošla povijest je bila povezana zajedničkom niti

L'histoire de l'industrie et du commerce n'a été que l'histoire des révoltes

Povijest industrije i trgovine bila je samo povijest pobuna

Les révoltes des forces productives modernes contre les conditions modernes de production

pobune modernih proizvodnih snaga protiv modernih uvjeta proizvodnje

Les révoltes des forces productives modernes contre les rapports de propriété

pobune modernih proizvodnih snaga protiv vlasničkih odnosa

ces rapports de propriété sont les conditions de l'existence de la bourgeoisie

ti imovinski odnosi su uvjeti za postojanje buržoazije

et l'existence de la bourgeoisie détermine les règles des rapports de propriété

a postojanje buržoazije određuje pravila za imovinske odnose

Il suffit de mentionner le retour périodique des crises commerciales

Dovoljno je spomenuti povremeni povratak komercijalnih kriza

chaque crise commerciale est plus menaçante pour la société bourgeoise que la précédente

svaka komercijalna kriza više prijeti buržoaskom društvu od prethodne

Dans ces crises, une grande partie des produits existants sont détruits

U tim krizama veliki dio postojećih proizvoda se uništava

Mais ces crises détruisent aussi les forces productives créées précédemment

Ali ove krize također uništavaju prethodno stvorene proizvodne snage

Dans toutes les époques antérieures, ces épidémies auraient semblé une absurdité

U svim ranijim epohama ove bi se epidemije činile apsurdom

parce que ces épidémies sont les crises commerciales de la surproduction

jer su ove epidemije komercijalne krize prekomjerne proizvodnje

La société se trouve soudain remise dans un état de barbarie momentanée

Društvo se odjednom vraća u stanje trenutnog barbarizma

comme si une guerre universelle de dévastation avait coupé tous les moyens de subsistance

kao da je sveopći rat razaranja odsjekao sva sredstva za život

l'industrie et le commerce semblent avoir été détruits ; Et pourquoi ?

čini se da su industrija i trgovina uništeni; I zašto?

Parce qu'il y a trop de civilisation et de moyens de subsistance

Zato što ima previše civilizacije i sredstava za život

et parce qu'il y a trop d'industrie et trop de commerce

i zato što ima previše industrije i previše trgovine

Les forces productives à la disposition de la société ne développent plus la propriété bourgeoise

Proizvodne snage koje su na raspolaganju društvu više ne razvijaju buržoasku imovinu

au contraire, ils sont devenus trop puissants pour ces conditions, par lesquelles ils sont enchaînés

naprotiv, postali su previše moćni za ove uvjete, kojima su sputani

dès qu'ils surmontent ces entraves, ils mettent le désordre dans toute la société bourgeoise

čim prevladaju te okove, unose nered u cijelo buržoasko društvo

et les forces productives mettent en danger l'existence de la propriété bourgeoise

a proizvodne snage ugrožavaju postojanje buržoaskog vlasništva

Les conditions de la société bourgeoise sont trop étroites pour englober les richesses qu'elles créent

Uvjeti buržoaskog društva su preuski da bi obuhvatili bogatstvo koje su stvorili

Et comment la bourgeoisie surmonte-t-elle ces crises ?

I kako buržoazija prebrodi ove krize?

D'une part, elle surmonte ces crises par la destruction forcée d'une masse de forces productives

S jedne strane, te krize prevladava prisilnim uništavanjem mase proizvodnih snaga

D'autre part, elle surmonte ces crises par la conquête de nouveaux marchés

s druge strane, te krize prevladava osvajanjem novih tržišta

et elle surmonte ces crises par l'exploitation plus poussée des anciennes forces productives

i prevladava te krize temeljitijom eksploatacijom starih proizvodnih snaga

C'est-à-dire en ouvrant la voie à des crises plus étendues et plus destructrices

Odnosno, utirući put opsežnijim i destruktivnijim krizama

elle surmonte la crise en diminuant les moyens de prévention des crises

ona prevladava krizu smanjenjem sredstava za sprečavanje kriza

Les armes avec lesquelles la bourgeoisie a abattu le féodalisme sont maintenant retournées contre elle-même

Oružje kojim je buržoazija srušila feudalizam na zemlju sada je okrenuto protiv nje same

Mais non seulement la bourgeoisie a-t-elle forgé les armes qui lui apportent la mort

Ali ne samo da je buržoazija iskovala oružje koje sebi donosi smrt

Il a également appelé à l'existence les hommes qui doivent manier ces armes

također je pozvao u postojanje ljude koji će rukovati tim oružjem

Et ces hommes sont la classe ouvrière moderne ; Ce sont les prolétaires

a ti su ljudi moderna radnička klasa; oni su proleteri

À mesure que la bourgeoisie se développe, le prolétariat se développe dans la même proportion

U onoj mjeri u kojoj se razvija buržoazija, u istom omjeru razvija se i proletarijat

La classe ouvrière moderne a développé une classe d'ouvriers

moderna radnička klasa razvila je klasu radnika

Cette classe d'ouvriers ne vit que tant qu'elle trouve du travail

Ova klasa radnika živi samo dok nađu posao

et ils ne trouvent de travail qu'aussi longtemps que leur travail augmente le capital

i oni nalaze posao samo dok njihov rad povećava kapital

Ces ouvriers, qui doivent se vendre à la pièce, sont une marchandise

Ti radnici, koji se moraju prodavati po komadima, roba su roba

Ces ouvriers sont comme tous les autres articles de commerce

Ovi radnici su kao i svaki drugi trgovački artikl
et, par conséquent, ils sont exposés à toutes les vicissitudes de la concurrence
i posljedično su izloženi svim promjenama konkurencije
Ils doivent faire face à toutes les fluctuations du marché
moraju prebroditi sve fluktuacije na tržištu
En raison de l'utilisation intensive des machines et de la division du travail
Zahvaljujući širokoj upotrebi strojeva i podjeli rada
Le travail des prolétaires a perdu tout caractère individuel
rad proletera izgubio je sav individualni karakter
et, par conséquent, le travail des prolétaires a perdu tout charme pour l'ouvrier
i posljedično, rad proletera izgubio je sav šarm za radnika
Il devient un appendice de la machine, plutôt que l'homme qu'il était autrefois
On postaje privjesak stroja, a ne čovjek kakav je nekoć bio
On n'exige de lui que l'habileté la plus simple, la plus monotone et la plus facile à acquérir
od njega se traži samo najjednostavniji, monotoni i najlakše stečen talent
Par conséquent, le coût de production d'un ouvrier est limité
Stoga su troškovi proizvodnje radnika ograničeni
elle se limite presque entièrement aux moyens de subsistance dont il a besoin pour son entretien
ona je gotovo u potpunosti ograničena na sredstva za život koja su mu potrebna za uzdržavanje
et elle est limitée aux moyens de subsistance dont il a besoin pour la propagation de sa race
i ograničen je na sredstva za život koja su mu potrebna za razmnožavanje svoje rase
Mais le prix d'une marchandise, et par conséquent aussi du travail, est égal à son coût de production
Ali cijena robe, a time i rada, jednaka je njezinim troškovima proizvodnje

C'est pourquoi, à mesure que le travail répugnant augmente, le salaire diminue

Proporcionalno, dakle, kako se odbojnost rada povećava, plaća se smanjuje

Bien plus, le caractère répugnant de son travail augmente à un rythme encore plus grand

Ne, odbojnost njegova djela raste još većom brzinom

À mesure que l'utilisation des machines et la division du travail augmentent, le fardeau du labeur augmente également

Kako se povećava upotreba strojeva i podjela rada, tako raste i teret truda

La charge de travail est augmentée par la prolongation du temps de travail

teret rada povećava se produljenjem radnog vremena

On attend plus de l'ouvrier dans le même temps qu'auparavant

više se očekuje od radnika u isto vrijeme kao i prije

Et bien sûr, le poids du labeur est augmenté par la vitesse de la machine

i naravno, teret truda povećava se brzinom strojeva

L'industrie moderne a transformé le petit atelier du maître patriarcal en la grande usine du capitaliste industriel

Moderna industrija pretvorila je malu radionicu patrijarhalnog gospodara u veliku tvornicu industrijskog kapitalista

Des masses d'ouvriers, entassés dans l'usine, s'organisent comme des soldats

Mase radnika, nagurane u tvornicu, organizirane su poput vojnika

En tant que simples soldats de l'armée industrielle, ils sont placés sous le commandement d'une hiérarchie parfaite d'officiers et de sergents

Kao redovi industrijske vojske stavljeni su pod zapovjedništvo savršene hijerarhije časnika i narednika

ils ne sont pas seulement les esclaves de la classe bourgeoise et de l'État

oni nisu samo robovi buržoaske klase i države

Mais ils sont aussi asservis quotidiennement et d'heure en heure par la machine

ali oni su također svakodnevno i satno porobljeni strojem

ils sont asservis par le surveillant, et surtout par le fabricant bourgeois lui-même

oni su porobljeni od strane promatrača, i, iznad svega, od samog pojedinog buržoaskog proizvođača

Plus ce despotisme proclame ouvertement que le gain est sa fin et son but, plus il est mesquin, plus haïssable et plus aigri

Što otvorenije ovaj despotizam proglašava dobitak svojim ciljem i ciljem, to je sitniji, mrskiji i ogorčeniji

Plus l'industrie moderne se développe, moins les différences entre les sexes sont grandes

Što se modernija industrija razvija, to su manje razlike među spolovima

Moins le travail manuel exige d'habileté et d'effort de force, plus le travail des hommes est supplanté par celui des femmes

Što je manje vještina i napor snage implicirani u fizičkom radu, to je više rad muškaraca zamijenjen radom žena

Les différences d'âge et de sexe n'ont plus de validité sociale distincte pour la classe ouvrière

Razlike u dobi i spolu više nemaju nikakvu prepoznatljivu društvenu vrijednost za radničku klasu

Tous sont des instruments de travail, plus ou moins coûteux à utiliser, selon leur âge et leur sexe

Svi su to instrumenti rada, više ili jeftiniji za korištenje, ovisno o njihovoj dobi i spolu

dès que l'ouvrier reçoit son salaire en espèces, il est attaqué par les autres parties de la bourgeoisie

čim radnik primi svoju plaću u gotovini, tada ga nailaze drugi dijelovi buržoazije

le propriétaire, le commerçant, le prêteur sur gages, etc

stanodavac, trgovac, zalagaonica itd

Les couches inférieures de la classe moyenne ; les petits commerçants et les commerçants
Niži slojevi srednje klase; mali obrtnici i trgovci
les commerçants retraités en général, et les artisans et les paysans
umirovljeni obrtnici općenito, te zanatlije i seljaci
tout cela s'enfonce peu à peu dans le prolétariat
sve to postupno tone u proletarijat
en partie parce que leur petit capital ne suffit pas à l'échelle sur laquelle l'industrie moderne est exercée
dijelom zato što njihov mali kapital nije dovoljan za razmjere u kojima se odvija moderna industrija
et parce qu'elle est submergée par la concurrence avec les grands capitalistes
i zato što je preplavljena konkurencijom s velikim kapitalistima
en partie parce que leur savoir-faire spécialisé est rendu sans valeur par les nouvelles méthodes de production
dijelom zato što je njihova specijalizirana vještina postala bezvrijedna novim metodama proizvodnje
Ainsi le prolétariat se recrute dans toutes les classes de la population
Tako se proletarijat regrutira iz svih slojeva stanovništva
Le prolétariat passe par différents stades de développement
Proletarijat prolazi kroz različite faze razvoja
Avec sa naissance commence sa lutte contre la bourgeoisie
Njegovim rođenjem započinje borba s buržoazijom
Dans un premier temps, la lutte est menée par des ouvriers individuels
U početku natjecanje vode pojedinačni radnici
Ensuite, le concours est mené par les ouvriers d'une usine
tada natjecanje vode radnici tvornice
Ensuite, la lutte est menée par les agents d'un métier, dans une localité
tada natjecanje vode operativci jedne trgovine, na jednom mjestu

et la lutte est alors contre la bourgeoisie individuelle qui les exploite directement

a natjecanje je tada protiv individualne buržoazije koja ih izravno iskorištava

Ils ne dirigent pas leurs attaques contre les conditions de production de la bourgeoisie

Oni usmjeravaju svoje napade ne protiv buržoaskih uvjeta proizvodnje

mais ils dirigent leur attaque contre les instruments de production eux-mêmes

ali oni usmjeravaju svoj napad na same instrumente proizvodnje

Ils détruisent les marchandises importées qui font concurrence à leur main-d'œuvre

uništavaju uvezenu robu koja se natječe s njihovim radom

Ils brisent les machines et mettent le feu aux usines

razbijaju strojeve na komade i pale tvornice

ils cherchent à restaurer par la force le statut disparu de l'ouvrier du Moyen Âge

oni nastoje silom vratiti nestali status radnika srednjeg vijeka

À ce stade, les ouvriers forment encore une masse incohérente dispersée dans tout le pays

U ovoj fazi radnici još uvijek čine nekoherentnu masu raštrkanu po cijeloj zemlji

et ils sont brisés par leur concurrence mutuelle

i razbija ih međusobna konkurencija

S'ils s'unissent quelque part pour former des corps plus compacts, ce n'est pas encore la conséquence de leur propre union active

Ako se bilo gdje ujedine u kompaktnija tijela, to još nije posljedica njihovog vlastitog aktivnog sjedinjenja

mais c'est une conséquence de l'union de la bourgeoisie, d'atteindre ses propres fins politiques

ali to je posljedica ujedinjenja buržoazije, da postigne svoje vlastite političke ciljeve

la bourgeoisie est obligée de mettre en mouvement tout le prolétariat

buržoazija je prisiljena pokrenuti cijeli proletarijat

et d'ailleurs, pour un temps, la bourgeoisie est capable de le faire

i štoviše, buržoazija je za neko vrijeme u stanju to učiniti

À ce stade, les prolétaires ne combattent donc pas leurs ennemis

U ovoj fazi, dakle, proleteri se ne bore protiv svojih neprijatelja

mais au lieu de cela, ils combattent les ennemis de leurs ennemis

već se umjesto toga bore protiv neprijatelja svojih neprijatelja

La lutte contre les vestiges de la monarchie absolue et les propriétaires terriens

Borba protiv ostataka apsolutne monarhije i zemljoposjednika

ils combattent la bourgeoisie non industrielle ; la petite bourgeoisie

oni se bore protiv neindustrijske buržoazije; sitna buržoazija

Ainsi tout le mouvement historique est concentré entre les mains de la bourgeoisie

Tako je cijeli povijesni pokret koncentriran u rukama buržoazije

chaque victoire ainsi obtenue est une victoire pour la bourgeoisie

svaka tako postignuta pobjeda je pobjeda buržoazije

Mais avec le développement de l'industrie, le prolétariat ne se contente pas d'augmenter en nombre

Ali s razvojem industrije, proletarijat ne samo da raste u broju

le prolétariat se concentre en masses plus grandes et sa force s'accroît

Proletarijat se koncentrira u većim masama i njegova snaga raste

et le prolétariat ressent de plus en plus cette force

a proletarijat sve više i više osjeća tu snagu

Les divers intérêts et conditions de vie dans les rangs du prolétariat sont de plus en plus égalisés

Različiti interesi i uvjeti života u redovima proletarijata sve su više i više izjednačeni

elles deviennent plus proportionnelles à mesure que les machines effacent toutes les distinctions de travail

one postaju sve proporcionalnije kako strojevi brišu sve razlike u radu

et les machines réduisent presque partout les salaires au même bas niveau

a strojevi gotovo svugdje smanjuju plaće na istu nisku razinu

La concurrence croissante entre la bourgeoisie et les crises commerciales qui en résultent rendent les salaires des ouvriers de plus en plus fluctuants

Rastuća konkurencija među buržoazijom i posljedična trgovinska kriza čine plaće radnika sve fluktuirajućim

L'amélioration incessante des machines, qui se développe de plus en plus rapidement, rend leurs moyens d'existence de plus en plus précaires

Neprekidno poboljšanje strojeva, koji se sve brže razvijaju, čini njihov život sve nesigurnijim i nesigurnijim

les collisions entre les ouvriers individuels et la bourgeoisie individuelle prennent de plus en plus le caractère de collisions entre deux classes

sudari između pojedinačnih radnika i individualne buržoazije sve više poprimaju karakter sudara između dviju klasa

Là-dessus, les ouvriers commencent à former des associations (syndicats) contre la bourgeoisie

Nakon toga radnici počinju formirati udruživanja (sindikate) protiv buržoazije

Ils s'associent pour maintenir le taux des salaires

udružuju se kako bi održali stopu plaća

Ils fondèrent des associations permanentes afin de pourvoir à l'avance à ces révoltes occasionnelles

Pronašli su trajne udruge kako bi se unaprijed pobrinuli za ove povremene pobune

Ici et là, la lutte éclate en émeutes

Tu i tamo natjecanje izbija u nerede

De temps en temps, les ouvriers sont victorieux, mais seulement pour un temps

S vremena na vrijeme radnici pobjeđuju, ali samo na neko vrijeme

Le vrai fruit de leurs luttes n'est pas dans le résultat immédiat, mais dans l'union toujours plus grande des travailleurs

Pravi plod njihovih borbi ne leži u neposrednom ishodu, već u sve većem sindikatu radnika

Cette union est favorisée par les moyens de communication améliorés créés par l'industrie moderne

Ovom sindikatu pomažu poboljšana sredstva komunikacije koja stvara moderna industrija

La communication moderne met en contact les travailleurs de différentes localités les uns avec les autres

suvremena komunikacija dovodi radnike s različitih lokaliteta u međusobni kontakt

C'était précisément ce contact qui était nécessaire pour centraliser les nombreuses luttes locales en une lutte nationale entre les classes

Upravo je taj kontakt bio potreban da se brojne lokalne borbe centraliziraju u jednu nacionalnu borbu između klasa

Toutes ces luttes sont du même caractère, et toute lutte de classe est une lutte politique

Sve ove borbe su istog karaktera, a svaka klasna borba je politička borba

les bourgeois du moyen âge, avec leurs misérables routes, mettaient des siècles à former leurs syndicats

građanima srednjeg vijeka, sa svojim bijednim autocestama, bila su potrebna stoljeća da formiraju svoje sindikate

Les prolétaires modernes, grâce aux chemins de fer, réalisent leurs syndicats en quelques années

Moderni proleteri, zahvaljujući željeznici, postižu svoje sindikate u roku od nekoliko godina

Cette organisation des prolétaires en classe les a donc formés en parti politique

Ova organizacija proletarijata u klasu ih je posljedično formirala u političku stranku

La classe politique est continuellement bouleversée par la concurrence entre les travailleurs eux-mêmes

Politička klasa je neprestano ponovno uznemirena konkurencijom između samih radnika

Mais la classe politique continue de se soulever, plus forte, plus ferme, plus puissante

Ali politička klasa nastavlja se ponovno dizati, jača, čvršća, moćnija

Elle oblige la législation à reconnaître les intérêts particuliers des travailleurs

Njome se prisiljava na zakonodavno priznavanje posebnih interesa radnika

il le fait en profitant des divisions au sein de la bourgeoisie elle-même

to čini iskorištavajući podjele među samom buržoazijom

C'est ainsi qu'en Angleterre fut promulguée la loi sur les dix heures

Tako je zakon o desetosatnom radu u Engleskoj stavljen u zakon

à bien des égards, les collisions entre les classes de l'ancienne société sont en outre le cours du développement du prolétariat

na mnogo načina sudari između klasa starog društva dalje su tijek razvoja proletarijata

La bourgeoisie se trouve engagée dans une bataille de tous les instants

Buržoazija se nalazi u stalnoj borbi

Dans un premier temps, il se trouvera impliqué dans une bataille constante avec l'aristocratie

U početku će se naći u stalnoj borbi s aristokracijom

plus tard, elle se trouvera engagée dans une lutte constante avec ces parties de la bourgeoisie elle-même

kasnije će se naći u stalnoj borbi s onim dijelovima same buržoazije

et leurs intérêts seront devenus antagonistes au progrès de l'industrie

i njihovi će interesi postati antagonistički prema napretku industrije

à tout moment, leurs intérêts seront devenus antagonistes avec la bourgeoisie des pays étrangers

u svakom trenutku, njihovi interesi će postati antagonistički prema buržoaziji stranih zemalja

Dans toutes ces batailles, elle se voit obligée de faire appel au prolétariat et lui demande son aide

U svim tim bitkama ona se osjeća primoranom apelirati na proletarijat i traži njegovu pomoć

Et ainsi, il se sentira obligé de l'entraîner dans l'arène politique

i stoga će se osjećati prisiljenim uvući ga u političku arenu

C'est pourquoi la bourgeoisie elle-même fournit au prolétariat ses propres instruments d'éducation politique et générale

Sama buržoazija, dakle, opskrbljuje proletarijat vlastitim instrumentima političkog i općeg obrazovanja

c'est-à-dire qu'il fournit au prolétariat des armes pour combattre la bourgeoisie

drugim riječima, ona opskrbljuje proletarijat oružjem za borbu protiv buržoazije

De plus, comme nous l'avons déjà vu, des sections entières des classes dominantes sont précipitées dans le prolétariat

Nadalje, kao što smo već vidjeli, čitavi dijelovi vladajućih klasa strmoglavljeni su u proletarijat

le progrès de l'industrie les aspire dans le prolétariat

napredak industrije ih usisava u proletarijat

ou, du moins, ils sont menacés dans leurs conditions d'existence

ili su, barem, ugroženi u svojim uvjetima postojanja

Ceux-ci fournissent également au prolétariat de nouveaux éléments d'illumination et de progrès

Oni također opskrbljuju proletarijat svježim elementima prosvjetljenja i napretka

Enfin, à l'approche de l'heure décisive de la lutte des classes

Konačno, u vremenima kada se klasna borba približava odlučujućem času

le processus de dissolution en cours au sein de la classe dirigeante

proces raspada koji se odvija unutar vladajuće klase

En fait, la dissolution en cours au sein de la classe dirigeante se fera sentir dans toute la société

zapravo, raspad koji se događa unutar vladajuće klase osjetit će se u cijelom nizu društva

Il prendra un caractère si violent et si flagrant qu'une petite partie de la classe dirigeante se laissera aller à la dérive

poprimit će tako nasilan, upadljiv karakter, da će se mali dio vladajuće klase odrezati

et que la classe dirigeante rejoindra la classe révolutionnaire

i da će se vladajuća klasa pridružiti revolucionarnoj klasi

La classe révolutionnaire étant la classe qui tient l'avenir entre ses mains

revolucionarna klasa je klasa koja drži budućnost u svojim rukama

Comme à une époque antérieure, une partie de la noblesse passa dans la bourgeoisie

Baš kao i u ranijem razdoblju, dio plemstva prešao je u buržoaziju

de la même manière qu'une partie de la bourgeoisie passera au prolétariat

na isti način će dio buržoazije prijeći na proletarijat

en particulier, une partie de la bourgeoisie passera à une partie des idéologues de la bourgeoisie

konkretno, dio buržoazije će prijeći na dio buržoaskih ideologa

Des idéologues bourgeois qui se sont élevés au niveau de la compréhension théorique du mouvement historique dans son ensemble

Buržoaski ideolozi koji su se uzdigli na razinu teoretskog razumijevanja povijesnog pokreta u cjelini

De toutes les classes qui se trouvent aujourd'hui en face de la bourgeoisie, seule le prolétariat est une classe vraiment révolutionnaire

Od svih klasa koje danas stoje licem u lice s buržoazijom, samo je proletarijat stvarno revolucionarna klasa

Les autres classes se dégradent et finissent par disparaître devant l'industrie moderne

Ostale klase propadaju i konačno nestaju pred modernom industrijom

le prolétariat est son produit spécial et essentiel

Proletarijat je njegov poseban i bitan proizvod

La petite bourgeoisie, le petit industriel, le commerçant, l'artisan, le paysan

Niža srednja klasa, mali proizvođač, trgovac, obrtnik, seljak

toutes ces luttes contre la bourgeoisie

sve se to bori protiv buržoazije

Ils se battent en tant que fractions de la classe moyenne pour se sauver de l'extinction

Oni se bore kao frakcije srednje klase kako bi se spasili od izumiranja

Ils ne sont donc pas révolutionnaires, mais conservateurs

Stoga nisu revolucionarni, već konzervativni

Bien plus, ils sont réactionnaires, car ils essaient de faire reculer la roue de l'histoire

Štoviše, oni su reakcionarni, jer pokušavaju vratiti kotač povijesti

Si par hasard ils sont révolutionnaires, ils ne le sont qu'en vue de leur transfert imminent dans le prolétariat

Ako su slučajno revolucionarni, to su samo s obzirom na njihov predstojeći prelazak u proletarijat

Ils défendent ainsi non pas leurs intérêts présents, mais leurs intérêts futurs

na taj način ne brane svoje sadašnje, već buduće interese

ils désertent leur propre point de vue pour se placer à celui du prolétariat

oni napuštaju svoje stajalište kako bi se postavili na stajalište proletarijata

La « classe dangereuse », la racaille sociale, cette masse en décomposition passive rejetée par les couches les plus basses de la vieille société

"Opasna klasa", društveni ološ, ta pasivno trula masa koju su odbacili najniži slojevi starog društva

Ils peuvent, ici et là, être entraînés dans le mouvement par une révolution prolétarienne

oni mogu, tu i tamo, biti uvučeni u pokret proleterskom revolucijom

Ses conditions de vie, cependant, le préparent beaucoup plus au rôle d'instrument soudoyé de l'intrigue réactionnaire

Njegovi životni uvjeti, međutim, daleko ga više pripremaju za dio podmićenog oruđa reakcionarnih spletki

Dans les conditions du prolétariat, ceux de l'ancienne société dans son ensemble sont déjà virtuellement submergés

U uvjetima proletarijata, oni starog društva u cjelini već su praktički preplavljeni

Le prolétaire est sans propriété

Proleter je bez imovine

ses rapports avec sa femme et ses enfants n'ont plus rien de commun avec les relations familiales de la bourgeoisie

njegov odnos sa ženom i djecom više nema ništa zajedničko s obiteljskim odnosima buržoazije

le travail industriel moderne, la sujétion moderne au capital, la même en Angleterre qu'en France, en Amérique comme en Allemagne

moderni industrijski rad, moderna podložnost kapitalu, isto u Engleskoj kao i u Francuskoj, u Americi kao i u Njemačkoj

Sa condition dans la société l'a dépouillé de toute trace de caractère national

njegovo stanje u društvu oduzelo mu je svaki trag nacionalnog karaktera

La loi, la morale, la religion, sont pour lui autant de préjugés bourgeois

Zakon, moral, religija, za njega su toliko buržoaskih predrasuda

et derrière ces préjugés se cachent en embuscade autant d'intérêts bourgeois

a iza tih predrasuda vrebaju u zasjedi jednako kao i mnogi buržoaski interesi

Toutes les classes précédentes, qui ont pris le dessus, ont cherché à fortifier leur statut déjà acquis

Sve prethodne klase koje su dobile prednost, nastojale su učvrstiti svoj već stečeni status

Ils l'ont fait en soumettant la société dans son ensemble à leurs conditions d'appropriation

To su učinili podvrgavajući društvo u cjelini svojim uvjetima prisvajanja

Les prolétaires ne peuvent pas devenir maîtres des forces productives de la société

Proleteri ne mogu postati gospodari proizvodnih snaga društva

elle ne peut le faire qu'en abolissant son propre mode d'appropriation antérieur

to može učiniti samo ukidanjem vlastitog prethodnog načina prisvajanja

et par là même elle abolit tout autre mode d'appropriation antérieur

i time također ukida svaki drugi prethodni način prisvajanja

Ils n'ont rien à eux pour s'assurer et se fortifier

Oni nemaju ništa svoje za osigurati i učvrstiti

Leur mission est de détruire toutes les sûretés antérieures et les assurances de biens individuels

njihova je misija uništiti sve prethodne vrijednosne papire i osiguranja pojedinačne imovine

Tous les mouvements historiques antérieurs étaient des mouvements de minorités
Svi prethodni povijesni pokreti bili su pokreti manjina
ou bien il s'agissait de mouvements dans l'intérêt des minorités
ili su to bili pokreti u interesu manjina
Le mouvement prolétarien est le mouvement conscient et indépendant de l'immense majorité
Proleterski pokret je samosvjestan, neovisan pokret ogromne većine
Et c'est un mouvement dans l'intérêt de l'immense majorité
i to je pokret u interesu ogromne većine
Le prolétariat, couche la plus basse de notre société actuelle
Proletarijat, najniži sloj našeg sadašnjeg društva
elle ne peut ni s'agiter ni s'élever sans que toutes les couches supérieures de la société officielle ne soient soulevées en l'air
ne može se uzburkati ili podići bez da se cijeli nadmoćni slojevi službenog društva podignu u zrak
Loin d'être dans le fond, mais dans la forme, la lutte du prolétariat contre la bourgeoisie est d'abord une lutte nationale
Iako ne u suštini, ali u formi, borba proletarijata s buržoazijom isprva je nacionalna borba
Le prolétariat de chaque pays doit, bien entendu, régler d'abord ses affaires avec sa propre bourgeoisie
Proletarijat svake zemlje mora, naravno, prije svega riješiti stvari sa svojom buržoazijom
En décrivant les phases les plus générales du développement du prolétariat, nous avons retracé la guerre civile plus ou moins voilée
U prikazu najopćenitijih faza razvoja proletarijata, pratili smo manje ili više prikriveni građanski rat
Ce civil fait rage au sein de la société existante
Ovaj građanski bjesni unutar postojećeg društva

Elle fera rage jusqu'au point où cette guerre éclatera en révolution ouverte

bjesnit će do točke u kojoj će taj rat izbiti u otvorenu revoluciju

et alors le renversement violent de la bourgeoisie jette les bases de l'emprise du prolétariat

a onda nasilno svrgavanje buržoazije postavlja temelje za vlast proletarijata

Jusqu'à présent, toute forme de société a été fondée, comme nous l'avons déjà vu, sur l'antagonisme des classes oppressives et opprimées

Do sada se svaki oblik društva temeljio, kao što smo već vidjeli, na antagonizmu ugnjetavajućih i potlačenih klasa

Mais pour opprimer une classe, il faut lui assurer certaines conditions

Ali da bi se klasa ugnjetavala, moraju joj se osigurati određeni uvjeti

La classe doit être maintenue dans des conditions dans lesquelles elle peut, au moins, continuer son existence servile

klasa se mora držati u uvjetima u kojima može, barem, nastaviti svoje ropsko postojanje

Le serf, à l'époque du servage, s'élevait lui-même au rang d'adhérent à la commune

Kmet se u razdoblju kmetstva uzdigao u članstvo u komuni

de même que la petite bourgeoisie, sous le joug de l'absolutisme féodal, a réussi à se développer en bourgeoisie

baš kao što se sitna buržoazija, pod jarmom feudalnog apsolutizma, uspjela razviti u buržoaziju

L'ouvrier moderne, au contraire, au lieu de s'élever avec les progrès de l'industrie, s'enfonce de plus en plus profondément

Moderni radnik, naprotiv, umjesto da se uzdiže s napretkom industrije, tone sve dublje i dublje

il s'enfonce au-dessous des conditions d'existence de sa propre classe

on tone ispod uvjeta postojanja vlastite klase

Il devient pauvre, et le paupérisme se développe plus rapidement que la population et la richesse

On postaje siromah, a siromaštvo se razvija brže od stanovništva i bogatstva

Et c'est là qu'il devient évident que la bourgeoisie n'est plus apte à être la classe dominante dans la société

I tu postaje očito da buržoazija više nije sposobna biti vladajuća klasa u društvu

et elle n'est pas digne d'imposer ses conditions d'existence à la société comme une loi prépondérante

i nepriladno je nametati svoje uvjete postojanja društvu kao prevladavajući zakon

Il est inapte à gouverner parce qu'il est incompétent pour assurer une existence à son esclave dans son esclavage

Nesposoban je vladati jer je nesposoban osigurati egzistenciju svom robu u njegovom ropstvu

parce qu'il ne peut s'empêcher de le laisser sombrer dans un tel état, qu'il doit le nourrir, au lieu d'être nourri par lui

jer ne može a da ga ne pusti da potone u takvo stanje, da ga mora hraniti, umjesto da ga on hrani

La société ne peut plus vivre sous cette bourgeoisie

Društvo više ne može živjeti pod ovom buržoazijom

En d'autres termes, son existence n'est plus compatible avec la société

drugim riječima, njegovo postojanje više nije kompatibilno s društvom

La condition essentielle de l'existence et de l'influence de la classe bourgeoise est la formation et l'accroissement du capital

Osnovni uvjet za postojanje i utjecaj buržoaske klase je formiranje i povećanje kapitala

La condition du capital, c'est le salariat-travail

uvjet za kapital je najamni rad

Le travail salarié repose exclusivement sur la concurrence entre les travailleurs

Najamni rad počiva isključivo na konkurenciji između radnika

Le progrès de l'industrie, dont le promoteur involontaire est la bourgeoisie, remplace l'isolement des ouvriers

Napredak industrije, čiji je nedobrovoljni promicatelj buržoazija, zamjenjuje izolaciju radnika

en raison de la concurrence, en raison de leur combinaison révolutionnaire, en raison de l'association

zbog konkurencije, zbog njihove revolucionarne kombinacije, zbog udruživanja

Le développement de l'industrie moderne lui coupe sous les pieds les fondements mêmes sur lesquels la bourgeoisie produit et s'approprie les produits

Razvoj moderne industrije siječe ispod nogu sam temelj na kojem buržoazija proizvodi i prisvaja proizvode

Ce que la bourgeoisie produit avant tout, ce sont ses propres fossoyeurs

Ono što buržoazija proizvodi, prije svega, su njeni vlastiti grobari

La chute de la bourgeoisie et la victoire du prolétariat sont également inévitables

Pad buržoazije i pobjeda proletarijata jednako su neizbježni

Prolétaires et communistes
Proleteri i komunisti

Quel est le rapport des communistes vis-à-vis de l'ensemble des prolétaires ?

U kakvom su odnosu komunisti prema proleterima u cjelini?

Les communistes ne forment pas un parti séparé opposé aux autres partis de la classe ouvrière

Komunisti ne formiraju zasebnu stranku nasuprot drugim strankama radničke klase

Ils n'ont pas d'intérêts séparés de ceux du prolétariat dans son ensemble

Oni nemaju interese odvojene i odvojene od interesa proletarijata u cjelini

Ils n'établissent pas de principes sectaires qui leur soient propres pour façonner et modeler le mouvement prolétarien

Oni ne postavljaju nikakve vlastite sektaške principe, po kojima bi oblikovali i oblikovali proleterski pokret

Les communistes ne se distinguent des autres partis ouvriers que par deux choses

Komunisti se razlikuju od ostalih stranaka radničke klase po samo dvije stvari

Premièrement, ils signalent et mettent en avant les intérêts communs de l'ensemble du prolétariat, indépendamment de toute nationalité

Prvo, oni ukazuju i stavljaju u prvi plan zajedničke interese cijelog proletarijata, neovisno o svakoj nacionalnosti

C'est ce qu'ils font dans les luttes nationales des prolétaires des différents pays

To čine u nacionalnim borbama proletera različitih zemalja

Deuxièmement, ils représentent toujours et partout les intérêts du mouvement dans son ensemble

Drugo, oni uvijek i svugdje zastupaju interese pokreta u cjelini

c'est ce qu'ils font dans les différents stades de développement par lesquels doit passer la lutte de la classe ouvrière contre la bourgeoisie

to čine u različitim fazama razvoja, kroz koje mora proći borba radničke klase protiv buržoazije

Les communistes sont donc, d'une part, pratiquement, la section la plus avancée et la plus résolue des partis ouvriers de tous les pays

Komunisti su, dakle, s jedne strane, praktički najnapredniji i najodlučniji dio radničkih stranaka svake zemlje

Ils sont cette section de la classe ouvrière qui pousse en avant toutes les autres

oni su onaj dio radničke klase koji gura naprijed sve druge

Théoriquement, ils ont aussi l'avantage de bien comprendre la ligne de marche

Teoretski, oni također imaju prednost jasnog razumijevanja linije marša

C'est ce qu'ils comprennent mieux par rapport à la grande masse du prolétariat

To oni bolje razumiju u usporedbi s velikom masom proletarijata

Ils comprennent les conditions et les résultats généraux ultimes du mouvement prolétarien

Oni razumiju uvjete i krajnje opće rezultate proleterskog pokreta

Le but immédiat du Parti communiste est le même que celui de tous les autres partis prolétariens

Neposredni cilj komunista isti je kao i svih drugih proleterskih partija

Leur but est la formation du prolétariat en classe

Njihov cilj je formiranje proletarijata u klasu

ils visent à renverser la suprématie de la bourgeoisie

cilj im je svrgnuti buržoasku nadmoć

la conquête du pouvoir politique par le prolétariat

težnja za osvajanjem političke moći od strane proletarijata

Les conclusions théoriques des communistes ne sont nullement basées sur des idées ou des principes de réformateurs

Teorijski zaključci komunista ni na koji način nisu utemeljeni na idejama ili načelima reformatora

ce ne sont pas des prétendus réformateurs universels qui ont inventé ou découvert les conclusions théoriques des communistes

nisu bili univerzalni reformatori ti koji su izmislili ili otkrili teorijske zaključke komunista

Ils ne font qu'exprimer, en termes généraux, des rapports réels qui naissent d'une lutte de classe existante

One samo izražavaju, općenito govoreći, stvarne odnose koji proizlaze iz postojeće klasne borbe

Et ils décrivent le mouvement historique qui se déroule sous nos yeux et qui a créé cette lutte des classes

i opisuju povijesni pokret koji se odvijao pred našim očima i koji je stvorio ovu klasnu borbu

L'abolition des rapports de propriété existants n'est pas du tout un trait distinctif du communisme

Ukidanje postojećih vlasničkih odnosa uopće nije karakteristično obilježje komunizma

Dans le passé, toutes les relations de propriété ont été continuellement sujettes à des changements historiques

Svi vlasnički odnosi u prošlosti kontinuirano su bili podložni povijesnim promjenama

et ces changements ont été consécutifs au changement des conditions historiques

a te su promjene bile posljedica promjene povijesnih uvjeta

La Révolution française, par exemple, a aboli la propriété féodale au profit de la propriété bourgeoise

Francuska revolucija, na primjer, ukinula je feudalno vlasništvo u korist buržoaske imovine

Le trait distinctif du communisme n'est pas l'abolition de la propriété, en général

Prepoznatljiva značajka komunizma nije ukidanje vlasništva, općenito

mais le trait distinctif du communisme, c'est l'abolition de la propriété bourgeoise

ali prepoznatljiva značajka komunizma je ukidanje buržoaske imovine

Mais la propriété privée de la bourgeoisie moderne est l'expression ultime et la plus complète du système de production et d'appropriation des produits

Ali moderno buržoasko privatno vlasništvo je konačni i najpotpuniji izraz sustava proizvodnje i prisvajanja proizvoda

C'est l'état final d'un système basé sur les antagonismes de classe, où l'antagonisme de classe est l'exploitation du plus grand nombre par quelques-uns

to je konačno stanje sustava koji se temelji na klasnim antagonizmima, gdje je klasni antagonizam eksploatacija mnogih od strane nekolicine

En ce sens, la théorie des communistes peut se résumer en une seule phrase ; l'abolition de la propriété privée

U tom smislu, teorija komunista može se sažeti u jednu rečenicu; ukidanje privatnog vlasništva

On nous a reproché, à nous communistes, de vouloir abolir le droit d'acquérir personnellement des biens

Nama komunistima se prigovara želja za ukidanjem prava osobnog stjecanja imovine

On prétend que cette propriété est le fruit du travail de l'homme

Tvrdi se da je ovo svojstvo plod čovjekovog vlastitog rada

et cette propriété est censée être le fondement de toute liberté, de toute activité et de toute indépendance individuelles.

a to je vlasništvo navodno temelj svake osobne slobode, aktivnosti i neovisnosti.

« Propriété durement gagnée, auto-acquise, auto-gagnée ! »

"Teško stečena, samostečena, samozarađena imovina!"

Voulez-vous dire la propriété du petit artisan et du petit paysan ?

Mislite li na vlasništvo sitnog obrtnika i malog seljaka?

Voulez-vous parler d'une forme de propriété qui a précédé la forme bourgeoise ?

Mislite li na oblik vlasništva koji je prethodio buržoaskom obliku?

Il n'est pas nécessaire de l'abolir, le développement de l'industrie l'a déjà détruit dans une large mesure

To ne treba ukinuti, razvoj industrije ga je već u velikoj mjeri uništio

et le développement de l'industrie continue de la détruire chaque jour

a razvoj industrije ga i dalje svakodnevno uništava

Ou voulez-vous parler de la propriété privée de la bourgeoisie moderne ?

Ili mislite na privatno vlasništvo moderne buržoazije?

Mais le travail salarié crée-t-il une propriété pour l'ouvrier ?

No, stvara li najamni rad ikakvo vlasništvo za radnika?

Non, le travail salarié ne crée pas une parcelle de ce genre de propriété !

Ne, najamni rad ne stvara ni jedan dio ove vrste imovine!

Ce que le travail salarié crée, c'est du capital ; ce genre de propriété qui exploite le travail salarié

ono što najamni rad stvara je kapital; onu vrstu imovine koja iskorištava najamni rad

Le capital ne peut s'accroître qu'à la condition d'engendrer une nouvelle offre de travail salarié pour une nouvelle exploitation

kapital se ne može povećavati osim pod uvjetom da se stvori nova ponuda najamnog rada za novu eksploataciju

La propriété, dans sa forme actuelle, est fondée sur l'antagonisme du capital et du salariat

Vlasništvo, u svom sadašnjem obliku, temelji se na antagonizmu kapitala i najamnog rada

Examinons les deux côtés de cet antagonisme

Ispitajmo obje strane ovog antagonizma

Être capitaliste, ce n'est pas seulement avoir un statut purement personnel

Biti kapitalist znači imati ne samo čisto osobni status

Au contraire, être capitaliste, c'est aussi avoir un statut social dans la production

umjesto toga, biti kapitalist također znači imati društveni status u proizvodnji

parce que le capital est un produit collectif ; Ce n'est que par l'action unie de nombreux membres qu'elle peut être mise en branle

jer je kapital kolektivni proizvod; samo ujedinjenim djelovanjem mnogih članova može se pokrenuti

Mais cette action unie n'est qu'un dernier recours, et nécessite en fait tous les membres de la société

Ali ova ujedinjena akcija je posljednje utočište, i zapravo zahtijeva sve članove društva

Le capital est converti en propriété de tous les membres de la société

Kapital se pretvara u vlasništvo svih članova društva

mais le Capital n'est donc pas une puissance personnelle ; c'est un pouvoir social

ali Kapital, dakle, nije osobna moć; to je društvena moć

Ainsi, lorsque le capital est converti en propriété sociale, la propriété personnelle n'est pas pour autant transformée en propriété sociale

Dakle, kada se kapital pretvara u društveno vlasništvo, osobno vlasništvo se time ne pretvara u društveno vlasništvo

Ce n'est que le caractère social de la propriété qui est modifié et qui perd son caractère de classe

Samo se društveni karakter vlasništva mijenja i gubi svoj klasni karakter

Regardons maintenant le travail salarié

Pogledajmo sada najamni rad

Le prix moyen du salariat est le salaire minimum, c'est-à-dire le quantum des moyens de subsistance

Prosječna cijena najamnog rada je minimalna plaća, tj. ona količina sredstava za život

Ce salaire est absolument nécessaire dans la simple existence d'un ouvrier

Ova plaća je apsolutno neophodna u goloj egzistenciji kao radnika

Ce que le salarié s'approprie par son travail ne suffit donc qu'à prolonger et à reproduire une existence nue

Ono što dakle najamni radnik prisvaja svojim radom, dovoljno je samo da produži i reproducira golu egzistenciju

Nous n'avons nullement l'intention d'abolir cette appropriation personnelle des produits du travail

Mi nipošto ne namjeravamo ukinuti ovo osobno prisvajanje proizvoda rada

une appropriation qui est faite pour le maintien et la reproduction de la vie humaine

sredstva koja se izdvajaju za održavanje i reprodukciju ljudskog života

Une telle appropriation personnelle des produits du travail ne laisse pas de surplus pour commander le travail d'autrui

takvo osobno prisvajanje proizvoda rada ne ostavlja višak kojim bi se zapovijedao radom drugih

Tout ce que nous voulons supprimer, c'est le caractère misérable de cette appropriation

Sve što želimo ukloniti je bijedni karakter ovog prisvajanja

l'appropriation dont vit l'ouvrier dans le seul but d'augmenter son capital

prisvajanje pod kojim radnik živi samo da bi povećao kapital

Il n'est autorisé à vivre que dans la mesure où l'intérêt de la classe dominante l'exige

dopušteno mu je živjeti samo onoliko koliko to zahtijeva interes vladajuće klase

Dans la société bourgeoise, le travail vivant n'est qu'un moyen d'augmenter le travail accumulé

U buržoaskom društvu živi rad je samo sredstvo za povećanje akumuliranog rada

Dans la société communiste, le travail accumulé n'est qu'un moyen d'élargir, d'enrichir, de promouvoir l'existence de l'ouvrier

U komunističkom društvu akumulirani rad je samo sredstvo za širenje, bogaćenje, promicanje egzistencije radnika

C'est pourquoi, dans la société bourgeoise, le passé domine le présent

U buržoaskom društvu, dakle, prošlost dominira sadašnjošću

dans la société communiste, le présent domine le passé

u komunističkom društvu sadašnjost dominira prošlošću

Dans la société bourgeoise, le capital est indépendant et a une individualité

U buržoaskom društvu kapital je neovisan i ima individualnost

Dans la société bourgeoise, la personne vivante est dépendante et n'a pas d'individualité

U buržoaskom društvu živa osoba je ovisna i nema individualnosti

Et l'abolition de cet état de choses est appelée par la bourgeoisie l'abolition de l'individualité et de la liberté !

A ukidanje ovog stanja stvari buržoazija naziva ukidanjem individualnosti i slobode!

Et c'est à juste titre qu'on l'appelle l'abolition de l'individualité et de la liberté !

I s pravom se naziva ukidanjem individualnosti i slobode!

Le communisme vise à l'abolition de l'individualité bourgeoise

Komunizam teži ukidanju buržoaske individualnosti

Le communisme veut l'abolition de l'indépendance de la bourgeoisie

Komunizam namjerava ukinuti buržoasku neovisnost

La liberté de la bourgeoisie est sans aucun doute ce que vise le communisme

Buržoaska sloboda je nesumnjivo ono čemu komunizam teži

dans les conditions actuelles de production de la bourgeoisie, la liberté signifie le libre-échange, la liberté de vendre et d'acheter

u sadašnjim buržoaskim uvjetima proizvodnje, sloboda znači slobodnu trgovinu, slobodnu prodaju i kupnju

Mais si la vente et l'achat disparaissent, la vente et l'achat gratuits disparaissent également

Ali ako prodaja i kupnja nestanu, nestaje i slobodna prodaja i kupnja

Les « paroles courageuses » de la bourgeoisie sur la vente et l'achat libres n'ont qu'un sens limité

"hrabre riječi" buržoazije o slobodnoj prodaji i kupnji imaju značenje samo u ograničenom smislu

Ces mots n'ont de sens que par opposition à la vente et à l'achat restreints

Ove riječi imaju značenje samo za razliku od ograničene prodaje i kupnje

et ces mots n'ont de sens que lorsqu'ils s'appliquent aux marchands enchaînés du moyen âge

a ove riječi imaju značenje samo kada se primjenjuju na okovane trgovce srednjeg vijeka

et cela suppose que ces mots aient même un sens dans un sens bourgeois

a to pretpostavlja da ove riječi imaju značenje čak i u buržoaskom smislu

mais ces mots n'ont aucun sens lorsqu'ils sont utilisés pour s'opposer à l'abolition communiste de l'achat et de la vente

ali ove riječi nemaju značenje kada se koriste za suprotstavljanje komunističkom ukidanju kupnje i prodaje

les mots n'ont pas de sens lorsqu'ils sont utilisés pour s'opposer à l'abolition des conditions de production de la bourgeoisie

riječi nemaju značenje kada se koriste kako bi se suprotstavile buržoaskim uvjetima proizvodnje koji su ukinuti

et ils n'ont aucun sens lorsqu'ils sont utilisés pour s'opposer à l'abolition de la bourgeoisie elle-même

i nemaju smisla kada se koriste za suprotstavljanje ukidanju same buržoazije

Vous êtes horrifiés par notre intention d'en finir avec la propriété privée

Užasnuti ste što namjeravamo ukinuti privatno vlasništvo

Mais dans votre société actuelle, la propriété privée est déjà abolie pour les neuf dixièmes de la population

Ali u vašem postojećem društvu privatno vlasništvo je već ukinuto za devet desetina stanovništva

L'existence d'une propriété privée pour quelques-uns est uniquement due à sa non-existence entre les mains des neuf dixièmes de la population

Postojanje privatnog vlasništva za nekolicinu isključivo je posljedica njegovog nepostojanja u rukama devet desetina stanovništva

Vous nous reprochez donc d'avoir l'intention de supprimer une forme de propriété

Stoga nam prigovarate da namjeravamo ukinuti neki oblik vlasništva

Mais la propriété privée nécessite l'inexistence de toute propriété pour l'immense majorité de la société

ali privatno vlasništvo zahtijeva nepostojanje bilo kakvog vlasništva za ogromnu većinu društva

En un mot, vous nous reprochez d'avoir l'intention de vous débarrasser de vos biens

Jednom riječju, prigovarate nam što namjeravamo ukinuti vašu imovinu

Et c'est précisément le cas ; se débarrasser de votre propriété est exactement ce que nous avons l'intention de faire

I upravo je tako; ukidanje vaše imovine je upravo ono što namjeravamo

À partir du moment où le travail ne peut plus être converti en capital, en argent ou en rente

Od trenutka kada se rad više ne može pretvoriti u kapital, novac ili rentu

quand le travail ne peut plus être converti en un pouvoir social monopolisé

kada se rad više ne može pretvoriti u društvenu moć koja se može monopolizirati

à partir du moment où la propriété individuelle ne peut plus être transformée en propriété bourgeoise

od trenutka kada se individualna imovina više ne može transformirati u buržoasku imovinu

à partir du moment où la propriété individuelle ne peut plus être transformée en capital

od trenutka kada se individualno vlasništvo više ne može pretvoriti u kapital

À partir de ce moment-là, vous dites que l'individualité s'évanouit

Od tog trenutka kažete da individualnost nestaje

Vous devez donc avouer que par « individu » vous n'entendez personne d'autre que la bourgeoisie

Morate, dakle, priznati da pod "pojedincem" ne mislite na nijednu drugu osobu osim na buržoaziju

Vous devez avouer qu'il s'agit spécifiquement du propriétaire de la classe moyenne

morate priznati da se to posebno odnosi na vlasnika nekretnine srednje klase

Cette personne doit, en effet, être balayée et rendue impossible

Ovu osobu, doista, treba maknuti s puta i učiniti nemogućom

Le communisme ne prive personne du pouvoir de s'approprier les produits de la société

Komunizam nijednom čovjeku ne uskraćuje moć da prisvaja proizvode društva

tout ce que fait le communisme, c'est de le priver du pouvoir de subjuguer le travail d'autrui au moyen d'une telle appropriation

sve što komunizam čini je da mu oduzima moć da pokorava rad drugih putem takvog prisvajanja

On a objecté qu'avec l'abolition de la propriété privée, tout travail cesserait

Prigovor je da će nakon ukidanja privatnog vlasništva svi radovi prestati

et il est alors suggéré que la paresse universelle nous rattrapera

i tada se sugerira da će nas sveopća lijenost obuzeti

D'après cela, il y a longtemps que la société bourgeoise aurait dû aller aux chiens par pure oisiveté

Prema tome, buržoasko društvo je odavno trebalo otići psima iz čiste besposlenosti

parce que ceux de ses membres qui travaillent, n'acquièrent rien

jer oni od njegovih članova koji rade, ne stječu ništa

et ceux de ses membres qui acquièrent quoi que ce soit, ne travaillent pas

a oni od njegovih članova koji nešto steknu, ne rade

L'ensemble de cette objection n'est qu'une autre expression de la tautologie

Cijeli ovaj prigovor samo je još jedan izraz tautologije

Il ne peut plus y avoir de travail salarié quand il n'y a plus de capital

više ne može biti najamnog rada kada više nema kapitala

Il n'y a pas de différence entre les produits matériels et les produits mentaux

Nema razlike između materijalnih proizvoda i mentalnih proizvoda

Le communisme propose que les deux soient produits de la même manière

Komunizam predlaže da se oba proizvedu na isti način

mais les objections contre les modes communistes de production sont les mêmes

ali prigovori protiv komunističkih načina njihove proizvodnje su isti

pour la bourgeoisie, la disparition de la propriété de classe est la disparition de la production elle-même

za buržoaziju je nestanak klasnog vlasništva nestanak same proizvodnje

Ainsi, la disparition de la culture de classe est pour lui identique à la disparition de toute culture

Dakle, nestanak klasne kulture za njega je identičan nestanku cijele kulture

Cette culture, dont il déplore la perte, n'est pour l'immense majorité qu'un simple entraînement à agir comme une machine

Ta kultura, za čijim gubitkom žali, za ogromnu je većinu puka obuka za djelovanje kao stroj

Les communistes ont bien l'intention d'abolir la culture de la propriété bourgeoise

Komunisti itekako namjeravaju ukinuti kulturu buržoaskog vlasništva

Mais ne vous querellez pas avec nous tant que vous appliquez les normes de vos notions bourgeoises de liberté, de culture, de droit, etc

Ali nemojte se svađati s nama sve dok primjenjujete standard svojih buržoaskih pojmova slobode, kulture, zakona itd

Vos idées mêmes ne sont que le résultat des conditions de votre production bourgeoise et de la propriété bourgeoise

Same vaše ideje su samo izdanak uvjeta vaše buržoaske proizvodnje i buržoaskog vlasništva

de même que votre jurisprudence n'est que la volonté de votre classe érigée en loi pour tous

baš kao što je vaša jurisprudencija samo volja vaše klase koja je pretvorena u zakon za sve

Le caractère essentiel et l'orientation de cette volonté sont déterminés par les conditions économiques créées par votre classe sociale

Suštinski karakter i smjer ove oporuke određeni su ekonomskim uvjetima koje stvara vaša društvena klasa

L'idée fausse égoïste qui vous pousse à transformer les formes sociales en lois éternelles de la nature et de la raison

Sebična zabluda koja vas navodi da transformirate društvene oblike u vječne zakone prirode i razuma

les formes sociales qui découlent de votre mode de production et de votre forme de propriété actuels

društveni oblici koji proizlaze iz vašeg sadašnjeg načina proizvodnje i oblika vlasništva

des rapports historiques qui naissent et disparaissent dans le progrès de la production

povijesni odnosi koji se uzdižu i nestaju u napretku proizvodnje

cette idée fausse que vous partagez avec toutes les classes dirigeantes qui vous ont précédés

ovu zabludu dijelite sa svakom vladajućom klasom koja vam je prethodila

Ce que vous voyez clairement dans le cas de la propriété ancienne, ce que vous admettez dans le cas de la propriété féodale

Ono što jasno vidite u slučaju drevnog vlasništva, ono što priznajete u slučaju feudalne imovine

ces choses, il vous est bien entendu interdit de les admettre dans le cas de votre propre forme de propriété bourgeoise

ove stvari vam je, naravno, zabranjeno priznati u slučaju vašeg vlastitog buržoaskog oblika vlasništva

Abolition de la famille ! Même les plus radicaux s'enflamment devant cette infâme proposition des communistes

Ukidanje obitelji! Čak i najradikalniji rasplamsavaju se na ovaj zloglasni prijedlog komunista

Sur quelle base se fonde la famille actuelle, la famille bourgeoise ?

Na kojem se temelju temelji sadašnja obitelj, obitelj Bourgeoisie?

La fondation de la famille actuelle est basée sur le capital et le gain privé

Temelj sadašnje obitelji temelji se na kapitalu i privatnoj dobiti

Sous sa forme complètement développée, cette famille n'existe que dans la bourgeoisie

U svom potpuno razvijenom obliku ova obitelj postoji samo među buržoazijom

Cet état de choses trouve son complément dans l'absence pratique de la famille chez les prolétaires

Ovo stanje stvari nalazi svoju nadopunu u praktičnoj odsutnosti obitelji među proleterima

Cet état de choses se retrouve dans la prostitution publique

Takvo stanje stvari može se naći u javnoj prostituciji

La famille bourgeoise disparaîtra d'office quand son effectif disparaîtra

Buržoaska obitelj će nestati samo po sebi kada nestane njezin kompunt

et l'une et l'autre s'évanouiront avec la disparition du capital

i oboje će nestati s nestankom kapitala

Nous accusez-vous de vouloir mettre fin à l'exploitation des enfants par leurs parents ?

Optužujete li nas da želimo zaustaviti iskorištavanje djece od strane njihovih roditelja?

Nous plaidons coupables de ce crime

Za ovaj zločin priznajemo krivnju

Mais, direz-vous, on détruit les relations les plus sacrées, quand on remplace l'éducation à domicile par l'éducation sociale

Ali, reći ćete, uništavamo najsvetije odnose, kada kućni odgoj zamijenimo socijalnim obrazovanjem

Votre éducation n'est-elle pas aussi sociale ? Et n'est-elle pas déterminée par les conditions sociales dans lesquelles vous éduquez ?

Nije li vaše obrazovanje također društveno? I nije li to određeno društvenim uvjetima pod kojima obrazujete?

par l'intervention, directe ou indirecte, de la société, par le biais de l'école, etc.

intervencijom, izravnom ili neizravnom, društva, putem škola itd.

Les communistes n'ont pas inventé l'intervention de la société dans l'éducation

Komunisti nisu izmislili intervenciju društva u obrazovanje

ils ne cherchent qu'à modifier le caractère de cette intervention

oni samo nastoje promijeniti karakter te intervencije

et ils cherchent à sauver l'éducation de l'influence de la classe dirigeante

i nastoje spasiti obrazovanje od utjecaja vladajuće klase

La bourgeoisie parle de la relation sacrée du parent et de l'enfant

Buržoazija govori o svetom suodnosu roditelja i djeteta

mais ce baratin sur la famille et l'éducation devient d'autant plus répugnant quand on regarde l'industrie moderne

ali ova zamka o obitelji i obrazovanju postaje još odvratnija kada pogledamo modernu industriju

Tous les liens familiaux entre les prolétaires sont déchirés par l'industrie moderne

Sve obiteljske veze među proleterima rastrgane su modernom industrijom

Leurs enfants sont transformés en simples objets de commerce et en instruments de travail

njihova djeca se pretvaraju u jednostavne trgovačke predmete i sredstva rada

Mais vous, communistes, vous créeriez une communauté de femmes, crie en chœur toute la bourgeoisie

Ali vi komunisti biste stvorili zajednicu žena, vrišti cijela buržoazija u zboru

La bourgeoisie ne voit en sa femme qu'un instrument de production

Buržoazija u svojoj ženi vidi puko sredstvo proizvodnje

Il entend dire que les instruments de production doivent être exploités par tous

On čuje da instrumente proizvodnje trebaju iskorištavati svi

et, naturellement, il ne peut arriver à aucune autre conclusion que celle d'être commun à tous retombera également sur les femmes

i, naravno, ne može doći do drugog zaključka osim da će sudbina zajedničkog svima također pripasti ženama

Il ne soupçonne même pas qu'il s'agit en fait d'en finir avec le statut de la femme en tant que simple instrument de production

On čak ni ne sumnja da je prava poanta ukinuti status žena
kao pukih instrumenata proizvodnje

**Du reste, rien n'est plus ridicule que l'indignation vertueuse
de notre bourgeoisie contre la communauté des femmes**

U ostalom, ništa nije smješnije od kreposnog ogorčenja naše
buržoazije na zajednicu žena

**ils prétendent qu'elle doit être établie ouvertement et
officiellement par les communistes**

pretvaraju se da su je otvoreno i službeno uspostavili
komunisti

**Les communistes n'ont pas besoin d'introduire la
communauté des femmes, elle existe depuis des temps
immémoriaux**

Komunisti nemaju potrebu uvoditi zajednicu žena, ona postoji
gotovo od pamtivijeka

**Notre bourgeoisie ne se contente pas d'avoir à sa disposition
les femmes et les filles de ses prolétaires**

Naša buržoazija nije zadovoljna time što ima na raspolaganju
žene i kćeri svojih proletera

**Ils prennent le plus grand plaisir à séduire les femmes de
l'autre**

najveće zadovoljstvo uživaju u zavođenju žena jedno drugoga

Et cela ne parle même pas des prostituées ordinaires

a to čak i ne govori o običnim prostitutkama

**Le mariage bourgeois est en réalité un système d'épouses en
commun**

Buržoaski brak je u stvarnosti zajednički sustav žena

**puis il y a une chose qu'on pourrait peut-être reprocher aux
communistes**

onda postoji jedna stvar koja bi komunistima mogla biti
zamjerena

**Ils souhaitent introduire une communauté de femmes
ouvertement légalisée**

žele uvesti otvoreno legaliziranu zajednicu žena

**plutôt qu'une communauté de femmes hypocritement
dissimulée**

a ne licemjerno prikrivena zajednica žena

la communauté des femmes issues du système de production
zajednica žena koja proizlazi iz sustava proizvodnje

Abolissez le système de production, et vous abolissez la communauté des femmes
ukinuti sustav proizvodnje, i ukinuti ćete zajednicu žena

La prostitution publique est abolie et la prostitution privée
Ukida se i javna prostitucija i privatna prostitucija

On reproche en outre aux communistes de vouloir abolir les pays et les nationalités
Komunistima se još više zamjera želja za ukidanjem zemalja i nacionalnosti

Les travailleurs n'ont pas de patrie, nous ne pouvons donc pas leur prendre ce qu'ils n'ont pas
Radnici nemaju zemlju, pa im ne možemo oduzeti ono što nemaju

Le prolétariat doit d'abord acquérir la suprématie politique
Proletarijat prije svega mora steći političku nadmoć

Le prolétariat doit s'élever pour être la classe dirigeante de la nation
Proletarijat se mora uzdignuti da bude vodeća klasa nacije

Le prolétariat doit se constituer en nation
Proletarijat se mora konstituirati kao nacija

elle est, jusqu'à présent, elle-même nationale, mais pas dans le sens bourgeois du mot
ona je, zasad, sama nacionalna, iako ne u buržoaskom smislu te riječi

Les différences nationales et les antagonismes entre les peuples s'estompent chaque jour davantage
Nacionalne razlike i antagonizmi među narodima svakim danom sve više nestaju

grâce au développement de la bourgeoisie, à la liberté du commerce, au marché mondial
zahvaljujući razvoju buržoazije, slobodi trgovine, svjetskom tržištu

à l'uniformité du mode de production et des conditions de vie qui y correspondent

do ujednačenosti načina proizvodnje i životnih uvjeta koji mu odgovaraju

La suprématie du prolétariat les fera disparaître encore plus vite

Nadmoć proletarijata uzrokovat će da nestanu još brže

L'action unie, du moins dans les principaux pays civilisés, est une des premières conditions de l'émancipation du prolétariat

Ujedinjeno djelovanje, barem vodećih civiliziranih zemalja, jedan je od prvih uvjeta za emancipaciju proletarijata

Dans la mesure où l'exploitation d'un individu par un autre prendra fin, l'exploitation d'une nation par une autre prendra également fin à

U onoj mjeri u kojoj se stane na kraj eksploataciji jednog pojedinca od strane drugog, tako će se stati na kraj i eksploataciji jedne nacije od strane druge

À mesure que l'antagonisme entre les classes à l'intérieur de la nation disparaîtra, l'hostilité d'une nation envers une autre prendra fin

Proporcionalno tome kako antagonizam između klasa unutar nacije nestane, neprijateljstvo jedne nacije prema drugoj će doći do kraja

Les accusations portées contre le communisme d'un point de vue religieux, philosophique et, en général, idéologique, ne méritent pas d'être examinées sérieusement

Optužbe protiv komunizma iznesene s vjerskog, filozofskog i, općenito, s ideološkog stajališta, ne zaslužuju ozbiljno ispitivanje

Faut-il une intuition profonde pour comprendre que les idées, les vues et les conceptions de l'homme changent à chaque changement dans les conditions de son existence matérielle ?

Je li potrebna duboka intuicija da bi se shvatilo da se čovjekove ideje, pogledi i koncepcije mijenjaju sa svakom promjenom uvjeta njegove materijalne egzistencije?

N'est-il pas évident que la conscience de l'homme change lorsque ses relations sociales et sa vie sociale changent ?

Nije li očito da se čovjekova svijest mijenja kada se promijene njegovi društveni odnosi i njegov društveni život?

Qu'est-ce que l'histoire des idées prouve d'autre, sinon que la production intellectuelle change de caractère à mesure que la production matérielle se modifie ?

Što drugo dokazuje povijest ideja, osim da intelektualna proizvodnja mijenja svoj karakter proporcionalno tome kako se mijenja materijalna proizvodnja?

Les idées dominantes de chaque époque ont toujours été les idées de sa classe dirigeante

Vladajuće ideje svakog doba oduvijek su bile ideje vladajuće klase

Quand on parle d'idées qui révolutionnent la société, on n'exprime qu'un seul fait

Kada ljudi govore o idejama koje revolucioniraju društvo, oni izražavaju samo jednu činjenicu

Au sein de l'ancienne société, les éléments d'une nouvelle société ont été créés

unutar starog društva stvoreni su elementi novog

et que la dissolution des vieilles idées va de pair avec la dissolution des anciennes conditions d'existence

i da raspad starih ideja ide u korak s rastvaranjem starih uvjeta postojanja

Lorsque le monde antique était dans ses dernières affresses, les anciennes religions ont été vaincues par le christianisme

Kada je drevni svijet bio u posljednjim mukama, drevne religije nadvladalo je kršćanstvo

Lorsque les idées chrétiennes ont succombé au XVIIIe siècle aux idées rationalistes, la société féodale a mené une bataille à mort contre la bourgeoisie alors révolutionnaire

Kada su kršćanske ideje u 18. stoljeću podlegle racionalističkim idejama, feudalno društvo vodilo je smrtnu bitku s tada revolucionarnom buržoazijom

Les idées de liberté religieuse et de liberté de conscience n'ont fait qu'exprimer l'emprise de la libre concurrence dans le domaine de la connaissance

Ideje vjerske slobode i slobode savjesti samo su izrazile utjecaj slobodne konkurencije unutar domene znanja

« Sans doute, dira-t-on, les idées religieuses, morales, philosophiques et juridiques ont été modifiées au cours du développement historique »

"Bez sumnje", reći će, "vjerske, moralne, filozofske i pravne ideje su modificirane tijekom povijesnog razvoja"

Mais la religion, la morale, la philosophie, la science politique et le droit ont constamment survécu à ce changement.

"Ali religija, moral, filozofija, političke znanosti i pravo, stalno su preživljavali ovu promjenu"

« Il y a aussi des vérités éternelles, telles que la Liberté, la Justice, etc. »

"Postoje i vječne istine, kao što su sloboda, pravda itd."

« Ces vérités éternelles sont communes à tous les états de la société »

"Ove vječne istine zajedničke su svim stanjima društva"

« Mais le communisme abolit les vérités éternelles, il abolit toute religion et toute morale »

"Ali komunizam ukida vječne istine, ukida svaku religiju i sav moral"

« il fait cela au lieu de les constituer sur une nouvelle base »

"to čini umjesto da ih konstituira na novoj osnovi"

« Elle agit donc en contradiction avec toute l'expérience historique passée »

"stoga djeluje u suprotnosti sa svim prošlim povijesnim iskustvima"

À quoi se réduit cette accusation ?

Na što se svodi ova optužba?

L'histoire de toute la société passée a consisté dans le développement d'antagonismes de classe

Povijest cijelog prošlog društva sastojala se u razvoju klasnih antagonizama

antagonismes qui ont pris des formes différentes selon les époques

antagonizmi koji su poprimili različite oblike u različitim epohama

Mais quelle que soit la forme qu'ils aient prise, un fait est commun à tous les âges passés

Ali kakav god oblik poprimili, jedna je činjenica zajednička svim prošlim vremenima

l'exploitation d'une partie de la société par l'autre

iskorištavanje jednog dijela društva od strane drugog

Il n'est donc pas étonnant que la conscience sociale des âges passés se meuve à l'intérieur de certaines formes communes ou d'idées générales

Stoga nije ni čudo da se društvena svijest prošlih stoljeća kreće unutar određenih zajedničkih oblika ili općih ideja

(et ce, malgré toute la multiplicité et la variété qu'il affiche)

(i to unatoč svoj mnogostrukosti i raznolikosti koju prikazuje)

et ceux-ci ne peuvent disparaître complètement qu'avec la disparition totale des antagonismes de classe

a oni ne mogu potpuno nestati osim potpunim nestankom klasnih antagonizama

La révolution communiste est la rupture la plus radicale avec les rapports de propriété traditionnels

Komunistička revolucija je najradikalniji raskid s tradicionalnim vlasničkim odnosima

Il n'est donc pas étonnant que son développement implique la rupture la plus radicale avec les idées traditionnelles

Nije ni čudo što njegov razvoj uključuje najradikalniji raskid s tradicionalnim idejama

Mais finissons-en avec les objections de la bourgeoisie contre le communisme

Ali završimo s buržoaskim prigovorima komunizmu

Nous avons vu plus haut le premier pas de la révolution de la classe ouvrière

Gore smo vidjeli prvi korak u revoluciji radničke klase

Le prolétariat doit être élevé à la position de dirigeant, pour gagner la bataille de la démocratie

Proletarijat mora biti uzdignut na poziciju vladajućeg, da bi dobio bitku za demokratiju

Le prolétariat usera de sa suprématie politique pour arracher peu à peu tout le capital à la bourgeoisie

Proletarijat će iskoristiti svoju političku nadmoć da postupno otme sav kapital od buržoazije

elle centralisera tous les instruments de production entre les mains de l'État

centralizirat će sve instrumente proizvodnje u rukama države

En d'autres termes, le prolétariat s'est organisé en classe dominante

drugim riječima, proletarijat se organizirao kao vladajuća klasa

et elle augmentera le plus rapidement possible le total des forces productives

i povećat će ukupne proizvodne snage što je brže moguće

Bien sûr, au début, cela ne peut se faire qu'au moyen d'incursions despotiques dans les droits de propriété

Naravno, u početku se to ne može postići osim putem despotskih prodora u prava vlasništva

et elle doit être réalisée dans les conditions de la production bourgeoise

i to se mora postići u uvjetima buržoaske proizvodnje

Elle est donc réalisée au moyen de mesures qui semblent économiquement insuffisantes et intenables

stoga se postiže mjerama koje se čine ekonomski nedostatnima i neodrživima

mais ces moyens, dans le cours du mouvement, se dépassent d'eux-mêmes

ali ta sredstva, tijekom pokreta, nadmašuju sama sebe

elles nécessitent de nouvelles incursions dans l'ancien ordre social

oni zahtijevaju daljnje prodore u stari društveni poredak

et ils sont inévitables comme moyen de révolutionner entièrement le mode de production

i oni su neizbježni kao sredstvo za potpunu revoluciju načina proizvodnje

Ces mesures seront bien sûr différentes selon les pays

Te će mjere, naravno, biti različite u različitim zemljama

Néanmoins, dans les pays les plus avancés, ce qui suit sera assez généralement applicable

Ipak, u najnaprednijim zemljama sljedeće će biti prilično općenito primjenjivo

1. L'abolition de la propriété foncière et l'affectation de toutes les rentes foncières à des fins publiques.

1. Ukidanje vlasništva na zemljištu i primjena svih zemljišnih zakupnina u javne svrhe.

2. Un impôt sur le revenu progressif ou progressif lourd.

2. Veliki progresivni ili graduirani porez na dohodak.

3. Abolition de tout droit d'héritage.

3. Ukidanje svih prava nasljeđivanja.

4. Confiscation des biens de tous les émigrés et rebelles.

4. Oduzimanje imovine svih iseljenika i pobunjenika.

5. Centralisation du crédit entre les mains de l'État, au moyen d'une banque nationale à capital d'État et monopole exclusif.

5. Centralizacija kredita u rukama države, putem nacionalne banke s državnim kapitalom i isključivim monopolom.

6. Centralisation des moyens de communication et de transport entre les mains de l'État.

6. Centralizacija sredstava komunikacije i prijevoza u rukama države.

7. Extension des usines et des instruments de production appartenant à l'État

7. Proširenje tvornica i proizvodnih instrumenata u vlasništvu države

la mise en culture des terres incultes, et l'amélioration du sol en général d'après un plan commun.

dovođenje pustoši u obrađivanje i poboljšanje tla općenito u skladu sa zajedničkim planom.

8. Responsabilité égale de tous vis-à-vis du travail

8. Jednaka odgovornost svih prema radu

Mise en place d'armées industrielles, notamment pour l'agriculture.

Osnivanje industrijskih vojski, posebno za poljoprivredu.

9. Combinaison de l'agriculture et des industries manufacturières

9. Kombinacija poljoprivrede s prerađivačkom industrijom

l'abolition progressive de la distinction entre la ville et la campagne, par une répartition plus égale de la population sur le territoire.

postupno ukidanje razlike između grada i sela, ravnomjernijom raspodjelom stanovništva po zemlji.

10. Gratuité de l'éducation pour tous les enfants dans les écoles publiques.

10. Besplatno obrazovanje za svu djecu u javnim školama.

Abolition du travail des enfants dans les usines sous sa forme actuelle

Ukidanje dječjeg tvorničkog rada u sadašnjem obliku

Combinaison de l'éducation et de la production industrielle

Kombinacija obrazovanja s industrijskom proizvodnjom

Quand, au cours du développement, les distinctions de classe ont disparu

Kada su, tijekom razvoja, klasne razlike nestale

et quand toute la production aura été concentrée entre les mains d'une vaste association de toute la nation

i kada je sva proizvodnja koncentrirana u rukama širokog udruženja cijele nacije

alors la puissance publique perdra son caractère politique

tada će javna vlast izgubiti svoj politički karakter

Le pouvoir politique, proprement dit, n'est que le pouvoir organisé d'une classe pour en opprimer une autre

Politička moć, u pravom smislu, samo je organizirana moć
jedne klase za ugnjetavanje druge
**Si le prolétariat, dans sa lutte contre la bourgeoisie, est
contraint, par la force des choses, de s'organiser en classe**
Ako je proletarijat tijekom svog sukoba s buržoazijom
prisiljen, snagom okolnosti, organizirati se kao klasa
si, par une révolution, elle se fait la classe dominante
ako se pomoću revolucije učini vladajućom klasom
**et, en tant que telle, elle balaie par la force les anciennes
conditions de production**
i, kao takav, silom briše stare uvjete proizvodnje
**alors, avec ces conditions, elle aura balayé les conditions
d'existence des antagonismes de classes et des classes en
général**
tada će, zajedno s tim uvjetima, pomesti uvjete za postojanje
klasnih antagonizama i klasa općenito
et aura ainsi aboli sa propre suprématie en tant que classe.
i time će ukinuti vlastitu nadmoć kao klase.
**A la place de l'ancienne société bourgeoise, avec ses classes
et ses antagonismes de classes, nous aurons une association**
Umjesto starog buržoaskog društva, s njegovim klasama i
klasnim antagonizmima, imat ćemo udruženje
**une association dans laquelle le libre développement de
chacun est la condition du libre développement de tous**
udruga u kojoj je slobodan razvoj svakoga uvjet za slobodan
razvoj svih

1) Le socialisme réactionnaire
1) Reakcionarni socijalizam

a) Le socialisme féodal
a) Feudalni socijalizam

les aristocraties de France et d'Angleterre avaient une position historique unique
aristokracije Francuske i Engleske imale su jedinstven povijesni položaj

c'est devenu leur vocation d'écrire des pamphlets contre la société bourgeoise moderne
postao je njihov poziv da pišu pamflete protiv modernog buržoaskog društva

Dans la révolution française de juillet 1830 et dans l'agitation réformiste anglaise
U Francuskoj revoluciji u srpnju 1830. i u engleskoj reformskoj agitaciji

Ces aristocraties succombèrent de nouveau à l'odieux parvenu
Te su aristokracije ponovno podlegle mrskom početniku

Dès lors, il n'était plus question d'une lutte politique sérieuse
Od tada ozbiljno političko natjecanje nije dolazilo u obzir

Tout ce qui restait possible, c'était une bataille littéraire, pas une véritable bataille
Sve što je ostalo moguće bila je književna bitka, a ne stvarna bitka

Mais même dans le domaine de la littérature, les vieux cris de la période de la restauration étaient devenus impossibles
Ali čak i u domeni književnosti stari vapaji iz razdoblja obnove postali su nemogući

Pour s'attirer la sympathie, l'aristocratie était obligée de perdre de vue, semble-t-il, ses propres intérêts
Kako bi pobudila simpatije, aristokracija je bila prisiljena izgubiti iz vida, očito, vlastite interese

et ils ont été obligés de formuler leur réquisitoire contre la bourgeoisie dans l'intérêt de la classe ouvrière exploitée

i bili su dužni formulirati svoju optužnicu protiv buržoazije u interesu eksploatirane radničke klase

C'est ainsi que l'aristocratie prit sa revanche en chantant des pamphlets sur son nouveau maître

Tako se aristokracija osvetila pjevajući rugalice svom novom gospodaru

et ils prirent leur revanche en lui murmurant à l'oreille de sinistres prophéties de catastrophe à venir

i osvetili su se šapućući mu na uho zlokobna proročanstva o nadolazećoj katastrofi

C'est ainsi qu'est né le socialisme féodal : moitié lamentation, moitié moquerie

Tako je nastao feudalni socijalizam: napola jadikovka, napola podsmijeh

Il sonnait comme un demi-écho du passé, et projetait une demi-menace de l'avenir

odjekivao je kao napola odjek prošlosti i projicirao napola prijetnju budućnosti

parfois, par sa critique acerbe, spirituelle et incisive, il frappait la bourgeoisie au plus profond de lui-même

ponekad, svojom gorkom, duhovitom i oštrom kritikom, pogodio je buržoaziju do same srži

mais elle a toujours été ridicule dans son effet, par l'incapacité totale de comprendre la marche de l'histoire moderne

Ali uvijek je bio smiješan u svom učinku, zbog potpune nesposobnosti da se shvati marš moderne povijesti

L'aristocratie, pour rallier le peuple à elle, agitait le sac d'aumône prolétarien en guise de bannière

Aristokracija je, kako bi okupila narod za njih, mahala proleterskom vrećom milostinje ispred za zastavu

Mais le peuple, toutes les fois qu'il se joignait à lui, voyait sur son arrière-train les anciennes armoiries féodales

Ali narod, koji im se često pridruživao, vidio je na stražnjim nogama stare feudalne grbove
et ils désertèrent avec des rires bruyants et irrévérencieux
i dezertirali su uz glasan i bezobzirni smijeh
Une partie des légitimistes français et de la « Jeune Angleterre » offrit ce spectacle
Jedan dio francuskih legitimista i "Mlade Engleske" izložio je ovaj spektakl
les féodaux ont fait remarquer que leur mode d'exploitation était différent de celui de la bourgeoisie
feudalisti su istaknuli da je njihov način eksploatacije drugačiji od buržoazijskog
Les féodaux oublient qu'ils ont exploité dans des circonstances et des conditions tout à fait différentes
Feudalisti zaboravljaju da su iskorištavali u okolnostima i uvjetima koji su bili sasvim drugačiji
Et ils n'ont pas remarqué que de telles méthodes d'exploitation sont maintenant désuètes
i nisu primijetili da su takve metode eksploatacije sada zastarjele
Ils ont montré que, sous leur domination, le prolétariat moderne n'a jamais existé
pokazali su da pod njihovom vladavinom moderni proletarijat nikada nije postojao
mais ils oublient que la bourgeoisie moderne est le produit nécessaire de leur propre forme de société
ali zaboravljaju da je moderna buržoazija nužan potomak njihovog vlastitog oblika društva
Pour le reste, ils dissimulent à peine le caractère réactionnaire de leur critique
Za ostalo, oni teško skrivaju reakcionarni karakter svoje kritike
Leur principale accusation contre la bourgeoisie se résume à ceci
njihova glavna optužba protiv buržoazije iznosi sljedeće
sous le régime bourgeois, une classe sociale se développe
pod buržoaskim režimom razvija se društvena klasa

Cette classe sociale est destinée à découper de fond en comble l'ancien ordre de la société

Ovoj društvenoj klasi suđeno je da ukorijeni i razgrana stari društveni poredak

Ce qu'ils reprochent à la bourgeoisie, ce n'est pas tant qu'elle crée un prolétariat

Ono čime oni vrijeđaju buržoaziju nije toliko da stvara proletarijat

ce qu'ils reprochent à la bourgeoisie, c'est plutôt de créer un prolétariat révolutionnaire

ono čime oni vrijeđaju buržoaziju je više da stvara revolucionarni proletarijat

Dans la pratique politique, ils se joignent donc à toutes les mesures coercitives contre la classe ouvrière

U političkoj praksi, stoga, oni se pridružuju svim prisilnim mjerama protiv radničke klase

Et dans la vie ordinaire, malgré leurs phrases hautaines, ils s'abaissent à ramasser les pommes d'or tombées de l'arbre de l'industrie

i u običnom životu, unatoč svojim uzvišenim frazama, spuštaju se kako bi pokupili zlatne jabuke ispuštene sa stabla industrije

et ils troquent la vérité, l'amour et l'honneur contre le commerce de la laine, du sucre de betterave et de l'eau-de-vie de pommes de terre

i trampe istinu, ljubav i čast za trgovinu vunom, šećerom od cikle i alkoholnim pićima od krumpira

De même que le pasteur a toujours marché main dans la main avec le propriétaire foncier, il en a été de même du socialisme clérical et du socialisme féodal

Kao što je župnik uvijek išao ruku pod ruku sa zemljoposjednikom, tako je i klerikalni socijalizam s feudalnim socijalizmom

Rien n'est plus facile que de donner à l'ascétisme chrétien une teinte socialiste

Ništa nije lakše nego kršćanskom asketizmu dati socijalističku nijansu

Le christianisme n'a-t-il pas déclamé contre la propriété privée, contre le mariage, contre l'État ?

Nije li se kršćanstvo proglasilo protiv privatnog vlasništva, protiv braka, protiv države?

Le christianisme n'a-t-il pas prêché à la place de la charité et de la pauvreté ?

Nije li kršćanstvo propovijedalo umjesto njih, milosrđe i siromaštvo?

Le christianisme ne prêche-t-il pas le célibat et la mortification de la chair, de la vie monastique et de l'Église mère ?

Ne propovijeda li kršćanstvo celibat i mrtvljenje tijela, monaški život i Majku Crkvu?

Le socialisme chrétien n'est que l'eau bénite avec laquelle le prêtre consacre les brûlures du cœur de l'aristocrate

Kršćanski socijalizam je samo sveta voda kojom svećenik posvećuje goruće srce aristokrata

b) Le socialisme petit-bourgeois
b) Maloburžoaski socijalizam

L'aristocratie féodale n'est pas la seule classe ruinée par la bourgeoisie
Feudalna aristokracija nije bila jedina klasa koju je uništila buržoazija
ce n'était pas la seule classe dont les conditions d'existence languissaient et périssaient dans l'atmosphère de la société bourgeoise moderne
to nije bila jedina klasa čiji su uvjeti postojanja čeznuli i nestajali u atmosferi modernog buržoaskog društva
Les bourgeois médiévaux et les petits propriétaires paysans ont été les précurseurs de la bourgeoisie moderne
Srednjovjekovni građani i mali seljački vlasnici bili su preteče moderne buržoazije
Dans les pays peu développés, tant au point de vue industriel que commercial, ces deux classes végètent encore côte à côte
U onim zemljama koje su tek malo razvijene, industrijski i komercijalno, ove dvije klase još uvijek vegetiraju jedna uz drugu
et pendant ce temps, la bourgeoisie se lève à côté d'eux : industriellement, commercialement et politiquement
a u međuvremenu se buržoazija uzdiže pored njih: industrijski, komercijalno i politički
Dans les pays où la civilisation moderne s'est pleinement développée, une nouvelle classe de petite bourgeoisie s'est formée
U zemljama u kojima je moderna civilizacija postala potpuno razvijena, formirana je nova klasa sitne buržoazije
cette nouvelle classe sociale oscille entre le prolétariat et la bourgeoisie
ova nova društvena klasa oscilira između proletarijata i buržoazije

et elle se renouvelle sans cesse en tant que partie
supplémentaire de la société bourgeoise
i uvijek se obnavlja kao dopunski dio buržoaskog društva
Cependant, les membres individuels de cette classe sont
constamment précipités dans le prolétariat
Pojedini članovi ove klase, međutim, stalno su bačeni u
proletarijat
ils sont aspirés par le prolétariat par l'action de la
concurrence
Proletarijat ih usisava djelovanjem konkurencije
Au fur et à mesure que l'industrie moderne se développe, ils
voient même approcher le moment où ils disparaîtront
complètement en tant que section indépendante de la société
moderne
Kako se moderna industrija razvija, oni čak vide da se
približava trenutak kada će potpuno nestati kao neovisan dio
modernog društva
ils seront remplacés, dans les manufactures, l'agriculture et
le commerce, par des surveillants, des huissiers et des
boutiquiers
Zamijenit će ih, u manufakturama, poljoprivredi i trgovini,
nadzornici, sudski izvršitelji i trgovci
Dans des pays comme la France, où les paysans représentent
bien plus de la moitié de la population
U zemljama poput Francuske, gdje seljaci čine daleko više od
polovice stanovništva
il était naturel qu'il y ait des écrivains qui se rangent du côté
du prolétariat contre la bourgeoisie
bilo je prirodno da postoje pisci koji su stali na stranu
proletarijata protiv buržoazije
dans leur critique du régime bourgeois, ils utilisaient
l'étendard de la bourgeoisie paysanne et de la petite
bourgeoisie
u svojoj kritici buržoaskog režima koristili su standard seljačke
i sitne buržoazije

et, du point de vue de ces classes intermédiaires, ils prennent le relais de la classe ouvrière

i sa stajališta ovih srednjih klasa oni preuzimaju batine za radničku klasu

C'est ainsi qu'est né le socialisme petit-bourgeois, dont Sismondi était le chef de cette école, non seulement en France, mais aussi en Angleterre

Tako je nastao maloburžoaski socijalizam, čiji je Sismondi bio na čelu ove škole, ne samo u Francuskoj nego i u Engleskoj

Cette école du socialisme a disséqué avec une grande acuité les contradictions des conditions de la production moderne

Ova škola socijalizma s velikom je oštrinom secirala proturječja u uvjetima moderne proizvodnje

Cette école a mis à nu les excuses hypocrites des économistes

Ova je škola razotkrila licemjerne isprike ekonomista

Cette école prouva sans conteste les effets désastreux du machinisme et de la division du travail

Ova je škola dokazala, nepobitno, katastrofalne učinke strojeva i podjele rada

elle prouvait la concentration du capital et de la terre entre quelques mains

dokazao je koncentraciju kapitala i zemlje u nekoliko ruku

elle a prouvé comment la surproduction conduit à des crises bourgeoises

dokazao je kako prekomjerna proizvodnja dovodi do buržoaske krize

il soulignait la ruine inévitable de la petite bourgeoisie et des paysans

ukazao je na neizbježnu propast sitne buržoazije i seljaka

la misère du prolétariat, l'anarchie de la production, les inégalités criantes dans la répartition des richesses

bijeda proletarijata, anarhija u proizvodnji, nejednakosti u raspodjeli bogatstva

Il a montré comment le système de production mène la guerre industrielle d'extermination entre les nations

Pokazao je kako sustav proizvodnje vodi industrijski rat istrebljenja među narodima

la dissolution des vieux liens moraux, des vieilles relations familiales, des vieilles nationalités

raspad starih moralnih veza, starih obiteljskih odnosa, starih nacionalnosti

Dans ses objectifs positifs, cependant, cette forme de socialisme aspire à réaliser l'une des deux choses suivantes

U svojim pozitivnim ciljevima, međutim, ovaj oblik socijalizma teži postizanju jedne od dvije stvari

soit elle vise à restaurer les anciens moyens de production et d'échange

ili ima za cilj obnoviti stara sredstva proizvodnje i razmjene

et avec les anciens moyens de production, elle rétablirait les anciens rapports de propriété et l'ancienne société

i sa starim sredstvima za proizvodnju obnovio bi stare vlasničke odnose, i staro društvo

ou bien elle vise à enfermer les moyens modernes de production et d'échange dans l'ancien cadre des rapports de propriété

ili ima za cilj stisnuti suvremena sredstva proizvodnje i razmjene u stari okvir vlasničkih odnosa

Dans un cas comme dans l'autre, elle est à la fois réactionnaire et utopique

U oba slučaja, ona je i reakcionarna i utopijska

Ses derniers mots sont : guildes corporatives pour la fabrication, relations patriarcales dans l'agriculture

Njegove posljednje riječi su: korporativni cehovi za manufakturu, patrijarhalni odnosi u poljoprivredi

En fin de compte, lorsque les faits historiques obstinés ont dispersé tous les effets enivrants de l'auto-tromperie

U konačnici, kada su tvrdoglave povijesne činjenice raspršile sve opojne učinke samoobmane

cette forme de socialisme se termina par un misérable accès de pitié

ovaj oblik socijalizma završio je bijednim napadom sažaljenja

c) Le socialisme allemand, ou « vrai »
c) njemački ili "pravi" socijalizam

La littérature socialiste et communiste de France est née sous la pression d'une bourgeoisie au pouvoir
Socijalistička i komunistička književnost Francuske nastala je pod pritiskom buržoazije na vlasti
Et cette littérature était l'expression de la lutte contre ce pouvoir
a ova je literatura bila izraz borbe protiv te sile
elle a été introduite en Allemagne à une époque où la bourgeoisie venait de commencer sa lutte contre l'absolutisme féodal
uvedena je u Njemačku u vrijeme kada je buržoazija tek započela svoje natjecanje s feudalnim apsolutizmom
Les philosophes allemands, les prétendus philosophes et les beaux esprits, s'emparèrent avidement de cette littérature
Njemački filozofi, potencijalni filozofi i lijepi duhovi, željno su se uhvatili ove literature
mais ils oubliaient que les écrits avaient émigré de France en Allemagne sans apporter avec eux les conditions sociales françaises
ali su zaboravili da su spisi emigrirali iz Francuske u Njemačku, a da nisu donijeli francuske društvene uvjete
Au contact des conditions sociales allemandes, cette littérature française perd toute sa signification pratique immédiate
U dodiru s njemačkim društvenim prilikama, ova francuska književnost izgubila je sav svoj neposredni praktični značaj
et la littérature communiste de France a pris un aspect purement littéraire dans les cercles académiques allemands
a komunistička književnost Francuske poprimila je čisto književni aspekt u njemačkim akademskim krugovima
Ainsi, les exigences de la première Révolution française n'étaient rien d'autre que les exigences de la « raison pratique »

Dakle, zahtjevi prve Francuske revolucije nisu bili ništa drugo nego zahtjevi "praktičnog razuma"

et l'expression de la volonté de la bourgeoisie française révolutionnaire signifiait à leurs yeux la loi de la volonté pure

a izricanje volje revolucionarne francuske buržoazije označavalo je u njihovim očima zakon čiste volje

il signifiait la Volonté telle qu'elle devait être ; de la vraie Volonté humaine en général

označavala je volju kakva je morala biti; istinske ljudske volje općenito

Le monde des lettrés allemands ne consistait qu'à mettre les nouvelles idées françaises en harmonie avec leur ancienne conscience philosophique

Svijet njemačkih književnika sastojao se isključivo u usklađivanju novih francuskih ideja s njihovom drevnom filozofskom sviješću

ou plutôt, ils ont annexé les idées françaises sans déserter leur propre point de vue philosophique

ili bolje rečeno, anektirali su francuske ideje bez napuštanja vlastitog filozofskog gledišta

Cette annexion s'est faite de la même manière que l'on s'approprie une langue étrangère, c'est-à-dire par la traduction

To je pripajanje izvršeno na isti način na koji se prisvaja strani jezik, odnosno prijevodom

Il est bien connu comment les moines ont écrit des vies stupides de saints catholiques sur des manuscrits

Dobro je poznato kako su redovnici preko rukopisa pisali glupe živote katoličkih svetaca

les manuscrits sur lesquels les œuvres classiques de l'ancien paganisme avaient été écrites

rukopisi na kojima su napisana klasična djela drevnog poganstva

Les lettrés allemands ont inversé ce processus avec la littérature française profane

Njemački književnici preokrenuli su ovaj proces s profanom francuskom književnošću

Ils ont écrit leurs absurdités philosophiques sous l'original français

Svoje filozofske gluposti napisali su ispod francuskog originala

Par exemple, sous la critique française des fonctions économiques de l'argent, ils ont écrit « L'aliénation de l'humanité »

Na primjer, ispod francuske kritike ekonomskih funkcija novca, napisali su "Otuđenje čovječanstva"

au-dessous de la critique française de l'État bourgeois, ils écrivaient « détrônement de la catégorie du général »

ispod francuske kritike buržoaske države napisali su "svrgavanje kategorije generala"

L'introduction de ces phrases philosophiques à la fin des critiques historiques françaises qu'ils ont baptisées :

Uvođenje ovih filozofskih fraza na poleđini francuske povijesne kritike nazvali su:

« Philosophie de l'action », « Vrai socialisme », « Science allemande du socialisme », « Fondement philosophique du socialisme », etc

"Filozofija djelovanja", "Istinski socijalizam", "Njemačka znanost o socijalizmu", "Filozofski temelj socijalizma" i tako dalje

La littérature socialiste et communiste française est ainsi complètement émasculée

Francuska socijalistička i komunistička književnost tako je potpuno kastrirana

entre les mains des philosophes allemands, elle cessa d'exprimer la lutte d'une classe contre l'autre

u rukama njemačkih filozofa prestala je izražavati borbu jedne klase s drugom

et c'est ainsi que les philosophes allemands se sentaient conscients d'avoir surmonté « l'unilatéralité française »

i tako su njemački filozofi bili svjesni da su prevladali "francusku jednostranost"

Il n'avait pas à représenter de vraies exigences, mais plutôt des exigences de vérité

nije morao predstavljati istinske zahtjeve, već je predstavljao zahtjeve istine

il n'y avait pas d'intérêt pour le prolétariat, mais plutôt pour la nature humaine

nije bilo interesa za proletarijat, već je postojao interes za ljudsku prirodu

l'intérêt était dans l'Homme en général, qui n'appartient à aucune classe et n'a pas de réalité

interes je bio za čovjeka općenito, koji ne pripada nijednoj klasi i nema stvarnost

un homme qui n'existe que dans le royaume brumeux de la fantaisie philosophique

čovjek koji postoji samo u maglovitom carstvu filozofske fantazije

mais finalement, ce socialisme allemand d'écolier perdit aussi son innocence pédante

ali na kraju je i ovaj školski njemački socijalizam izgubio svoju pedantnu nevinost

la bourgeoisie allemande, et surtout la bourgeoisie prussienne, luttait contre l'aristocratie féodale

njemačka buržoazija, a posebno pruska buržoazija borila se protiv feudalne aristokracije

la monarchie absolue de l'Allemagne et de la Prusse était également combattue

apsolutna monarhija Njemačke i Pruske također je bila protiv

Et à son tour, la littérature du mouvement libéral est également devenue plus sérieuse

A zauzvrat, književnost liberalnog pokreta također je postala ozbiljnija

L'Allemagne a eu l'occasion longtemps souhaitée par le « vrai » socialisme de se voir offrir

Ponuđena je dugo željena prilika Njemačke za "pravi"
socijalizam

l'occasion de confronter le mouvement politique aux
revendications socialistes

mogućnost suočavanja političkog pokreta sa socijalističkim
zahtjevima

l'occasion de jeter les anathèmes traditionnels contre le
libéralisme

Prilika da se bace tradicionalne anateme protiv liberalizma

l'occasion d'attaquer le gouvernement représentatif et la
concurrence bourgeoise

prilika za napad na predstavničku vladu i buržoasku
konkurenciju

Liberté de la presse bourgeoise, législation bourgeoise,
liberté et égalité bourgeoise

Buržoaska sloboda tiska, buržoasko zakonodavstvo,
buržoaska sloboda i jednakost

Tout cela pourrait maintenant être critiqué dans le monde
réel, plutôt que dans la fantaisie

sve bi se to sada moglo kritizirati u stvarnom svijetu, a ne u
fantaziji

L'aristocratie féodale et la monarchie absolue prêchaient
depuis longtemps aux masses

Feudalna aristokracija i apsolutna monarhija dugo su
propovijedale masama

« L'ouvrier n'a rien à perdre, et il a tout à gagner »

"Radni čovjek nema što izgubiti, a ima sve za dobiti"

le mouvement bourgeois offrait aussi une chance de se
confronter à ces platitudes

buržoaski pokret također je ponudio priliku da se suoči s tim
floskulama

la critique française présupposait l'existence d'une société
bourgeoise moderne

francuska kritika pretpostavljala je postojanje modernog
buržoaskog društva

Conditions économiques d'existence de la bourgeoisie et constitution politique de la bourgeoisie

Buržoaski ekonomski uvjeti postojanja i buržoaski politički ustav

les choses mêmes dont la réalisation était l'objet de la lutte imminente en Allemagne

upravo one stvari čije je postignuće bilo predmet nadolazeće borbe u Njemačkoj

L'écho stupide du socialisme en Allemagne a abandonné ces objectifs juste à temps

Njemački glupi odjek socijalizma napustio je ove ciljeve u pravo vrijeme

Les gouvernements absolus avaient leur suite de pasteurs, de professeurs, d'écuyers de campagne et de fonctionnaires

Apsolutne vlade imale su svoje sljedbenike župnike, profesore, seoske štitonoše i dužnosnike

le gouvernement de l'époque a répondu aux soulèvements de la classe ouvrière allemande par des coups de fouet et des balles

tadašnja vlada dočekala je njemačke radničke ustanke bičevanjem i mecima

pour eux, ce socialisme était un épouvantail bienvenu contre la bourgeoisie menaçante

za njih je ovaj socijalizam služio kao dobrodošlo strašilo protiv prijeteće buržoazije

et le gouvernement allemand a pu offrir un dessert sucré après les pilules amères qu'il a distribuées

a njemačka vlada mogla je ponuditi slatki desert nakon gorkih tableta koje je podijelila

ce « vrai » socialisme servait donc aux gouvernements d'arme pour combattre la bourgeoisie allemande

ovaj "pravi" socijalizam je tako služio vladama kao oružje u borbi protiv njemačke buržoazije

et, en même temps, il représentait directement un intérêt réactionnaire ; celle des Philistins allemands

i, u isto vrijeme, izravno je predstavljala reakcionarni interes; onaj njemačkih Filistejaca

En Allemagne, la petite bourgeoisie est la véritable base sociale de l'état de choses actuel

U Njemačkoj je sitna buržoaska klasa stvarna društvena osnova postojećeg stanja stvari

une relique du XVIe siècle qui n'a cessé de surgir sous diverses formes

relikvija šesnaestog stoljeća koja se neprestano pojavljuje u različitim oblicima

Conserver cette classe, c'est préserver l'état de choses existant en Allemagne

Očuvati ovu klasu znači očuvati postojeće stanje stvari u Njemačkoj

La suprématie industrielle et politique de la bourgeoisie menace la petite bourgeoisie d'une destruction certaine

Industrijska i politička nadmoć buržoazije prijeti sitnoj buržoaziji sigurnom destrukcijom

d'une part, elle menace de détruire la petite bourgeoisie par la concentration du capital

s jedne strane, prijeti da će uništiti sitnu buržoaziju kroz koncentraciju kapitala

d'autre part, la bourgeoisie menace de la détruire par l'avènement d'un prolétariat révolutionnaire

s druge strane, buržoazija prijeti da će je uništiti usponom revolucionarnog proletarijata

Le « vrai » socialisme semblait faire d'une pierre deux coups. Il s'est répandu comme une épidémie

Činilo se da je "pravi" socijalizam ubio ove dvije muhe jednim udarcem. Proširio se poput epidemije

La robe de toiles d'araignées spéculatives, brodée de fleurs de rhétorique, trempée dans la rosée du sentiment maladif

Ogrtač od spekulativne paučine, izvezeni cvijećem retorike, natopljen rosom bolesnog osjećaja

cette robe transcendantale dans laquelle les socialistes allemands enveloppaient leurs tristes « vérités éternelles »

ovu transcendentalnu haljinu u koju su njemački socijalisti
umotali svoje žalosne "vječne istine"
tout de peau et d'os, servaient à augmenter
merveilleusement la vente de leurs marchandises auprès
d'un public aussi
sve kože i kostiju, poslužile su za čudesno povećanje prodaje
njihove robe među takvom javnošću
Et de son côté, le socialisme allemand reconnaissait de plus
en plus sa propre vocation
A sa svoje strane, njemački socijalizam je sve više i više
priznavao svoj vlastiti poziv
on l'appelait à être le représentant grandiloquent de la
petite-bourgeoisie philistine
nazvan je bombastičnim predstavnikom maloburžoaskog
Filistejca
Il proclamait que la nation allemande était la nation modèle,
et le petit philistin allemand l'homme modèle
Proglasio je njemački narod uzornim narodom, a njemački
sitni Filistejac uzornim čovjekom
À chaque méchanceté de cet homme modèle, elle donnait
une interprétation socialiste cachée, plus élevée
Svakoj zlobnoj podlosti ovog uzornog čovjeka davala je
skriveno, više, socijalističko tumačenje
cette interprétation socialiste supérieure était l'exact
contraire de son caractère réel
ovo više, socijalističko tumačenje bilo je upravo suprotno
njegovom stvarnom karakteru
Il est allé jusqu'à s'opposer directement à la tendance «
brutalement destructrice » du communisme
Otišao je do krajnjih granica da se izravno suprotstavi
"brutalno destruktivnoj" tendenciji komunizma
et il proclamait son mépris suprême et impartial de toutes
les luttes de classes
i proglasio je svoj vrhovni i nepristrani prezir prema svim
klasnim borbama

À de très rares exceptions près, toutes les publications dites socialistes et communistes qui circulent aujourd'hui (1847) en Allemagne appartiennent au domaine de cette littérature nauséabonde et énervante

Uz vrlo malo iznimaka, sve takozvane socijalističke i komunističke publikacije koje sada (1847.) kruže u Njemačkoj pripadaju domeni ove prljave i iscrpljujuće literature

2) Le socialisme conservateur ou le socialisme bourgeois
2) Konzervativni socijalizam ili buržoaski socijalizam

Une partie de la bourgeoisie est désireuse de redresser les griefs sociaux
Dio buržoazije želi ispraviti društvene pritužbe
afin d'assurer la pérennité de la société bourgeoise
kako bi se osiguralo daljnje postojanje buržoaskog društva
C'est à cette section qu'appartiennent les économistes, les philanthropes, les humanitaires
U ovaj odjeljak spadaju ekonomisti, filantropi, humanitarci
améliorateurs de la condition de la classe ouvrière et organisateurs de la charité
poboljšivači stanja radničke klase i organizatori dobrotvornih radnji
membres des sociétés de prévention de la cruauté envers les animaux
članovi društava za sprječavanje okrutnosti prema životinjama
fanatiques de la tempérance, réformateurs de toutes sortes imaginables
fanatici umjerenosti, reformatori rupa i uglova svih zamislivih vrsta
Cette forme de socialisme a, d'ailleurs, été élaborée en systèmes complets
Ovaj oblik socijalizma je, štoviše, razrađen u potpune sustave
On peut citer la « Philosophie de la Misère » de Proudhon comme exemple de cette forme
Možemo navesti Proudhonovu "Philosophie de la Misère" kao primjer ove forme
La bourgeoisie socialiste veut tous les avantages des conditions sociales modernes
Socijalistička buržoazija želi sve prednosti modernih društvenih uvjeta
mais la bourgeoisie socialiste ne veut pas nécessairement des luttes et des dangers qui en résultent

ali socijalistička buržoazija ne želi nužno posljedične borbe i
opasnosti

**Ils désirent l'état actuel de la société, sans ses éléments
révolutionnaires et désintégrateurs**

Oni žele postojeće stanje društva, bez njegovih
revolucionarnih i dezintegrirajućih elemenata

c'est-à-dire qu'ils veulent une bourgeoisie sans prolétariat

drugim riječima, oni žele buržoaziju bez proletarijata

**La bourgeoisie conçoit naturellement le monde dans lequel
elle est souveraine d'être la meilleure**

Buržoazija prirodno shvaća svijet u kojem je vrhovno biti
najbolji

**et le socialisme bourgeois développe cette conception
confortable en divers systèmes plus ou moins complets**

a buržoaski socijalizam razvija ovu ugodnu koncepciju u
različite više ili manje cjelovite sustave

**ils voudraient beaucoup que le prolétariat marche droit dans
la Nouvelle Jérusalem sociale**

oni bi jako voljeli da proletarijat odmah umaršira u socijalni
Novi Jeruzalem

**Mais en réalité, elle exige du prolétariat qu'il reste dans les
limites de la société existante**

ali u stvarnosti zahtijeva od proletarijata da ostane unutar
granica postojećeg društva

**ils demandent au prolétariat de se débarrasser de toutes ses
idées haineuses sur la bourgeoisie**

oni traže od proletarijata da odbaci sve njihove mrske ideje o
buržoaziji

**il y a une seconde forme plus pratique, mais moins
systématique, de ce socialisme**

postoji drugi praktičniji, ali manje sustavni oblik ovog
socijalizma

**Cette forme de socialisme cherchait à déprécier tout
mouvement révolutionnaire aux yeux de la classe ouvrière**

Ovaj oblik socijalizma nastojao je obezvrijediti svaki
revolucionarni pokret u očima radničke klase

Ils soutiennent qu'aucune simple réforme politique ne pourrait leur être d'un quelconque avantage
Oni tvrde da im nikakva politička reforma ne bi mogla biti od koristi
Seul un changement dans les conditions matérielles d'existence dans les relations économiques est bénéfique
koristi samo promjena materijalnih uvjeta postojanja u ekonomskim odnosima
Comme le communisme, cette forme de socialisme prône un changement des conditions matérielles d'existence
Poput komunizma, ovaj oblik socijalizma zagovara promjenu materijalnih uvjeta postojanja
Cependant, cette forme de socialisme ne suggère nullement l'abolition des rapports de production bourgeois
međutim, ovaj oblik socijalizma nikako ne sugerira ukidanje buržoaskih proizvodnih odnosa
l'abolition des rapports de production bourgeois ne peut se faire que par la révolution
ukidanje buržoaskih odnosa proizvodnje može se postići samo revolucijom
Mais au lieu d'une révolution, cette forme de socialisme suggère des réformes administratives
Ali umjesto revolucije, ovaj oblik socijalizma predlaže administrativne reforme
et ces réformes administratives seraient fondées sur la pérennité de ces relations
a te administrativne reforme temeljile bi se na daljnjem postojanju tih odnosa
réformes qui n'affectent en rien les rapports entre le capital et le travail
reforme, dakle, koje ni u kojem pogledu ne utječu na odnose između kapitala i rada
au mieux, de telles réformes réduisent le coût et simplifient le travail administratif du gouvernement bourgeois
u najboljem slučaju, takve reforme smanjuju troškove i pojednostavljuju administrativni rad buržoaske vlade

Le socialisme bourgeois atteint une expression adéquate lorsque, et seulement lorsque, il devient une simple figure de style

Buržoaski socijalizam postiže adekvatan izraz, kada i samo kada postane puka figura govora

Le libre-échange : au profit de la classe ouvrière

Slobodna trgovina: u korist radničke klase

Les devoirs protecteurs : au profit de la classe ouvrière

Zaštitne dužnosti: u korist radničke klase

Réforme pénitentiaire : au profit de la classe ouvrière

Zatvorska reforma: za dobrobit radničke klase

C'est le dernier mot et le seul mot sérieux du socialisme bourgeois

Ovo je posljednja riječ i jedina ozbiljno zamišljena riječ buržoaskog socijalizma

Elle se résume dans la phrase : la bourgeoisie est une bourgeoisie au profit de la classe ouvrière

Sažeto je u frazi: buržoazija je buržoazija u korist radničke klase

3) Socialisme et communisme utopiques critiques
3) Kritičko-utopijski socijalizam i komunizam

Nous ne nous référons pas ici à la littérature qui a toujours donné la parole aux revendications du prolétariat

Ovdje se ne pozivamo na onu literaturu koja je uvijek davala glas zahtjevima proletarijata

cela a été présent dans toutes les grandes révolutions modernes, comme les écrits de Babeuf et d'autres

to je bilo prisutno u svakoj velikoj modernoj revoluciji, kao što su spisi Babeufa i drugih

Les premières tentatives directes du prolétariat pour parvenir à ses propres fins échouèrent nécessairement

Prvi izravni pokušaji proletarijata da postigne svoje ciljeve nužno su propali.

Ces tentatives ont été faites dans des temps d'effervescence universelle, lorsque la société féodale était renversée

Ti su pokušaji učinjeni u vrijeme sveopćeg uzbuđenja, kada je feudalno društvo bilo svrgavanje

L'état alors peu développé du prolétariat a conduit à l'échec de ces tentatives

tada nerazvijeno stanje proletarijata dovelo je do toga da ti pokušaji nisu uspjeli

et ils ont échoué en raison de l'absence des conditions économiques pour son émancipation

i nisu uspjeli zbog nepostojanja ekonomskih uvjeta za njegovu emancipaciju

conditions qui n'avaient pas encore été produites, et qui ne pouvaient être produites que par l'époque de la bourgeoisie

uvjeti koji su tek trebali biti proizvedeni, a mogli bi biti proizvedeni samo nadolazećom buržoaskom epohom

La littérature révolutionnaire qui accompagnait ces premiers mouvements du prolétariat avait nécessairement un caractère réactionnaire

Revolucionarna literatura koja je pratila ove prve pokrete proletarijata nužno je imala reakcionarni karakter

Cette littérature inculquait l'ascétisme universel et le nivellement social dans sa forme la plus grossière

Ova je literatura usađivala univerzalni asketizam i društveno izjednačavanje u svom najgrubljem obliku

Les systèmes socialistes et communistes, proprement dits, naissent au début de la période sous-développée

Socijalistički i komunistički sustavi, u pravom smislu zvani, nastali su u ranom nerazvijenom razdoblju

Saint-Simon, Fourier, Owen et d'autres, ont décrit la lutte entre le prolétariat et la bourgeoisie (voir section 1)

Saint-Simon, Fourier, Owen i drugi opisali su borbu između proletarijata i buržoazije (vidi odjeljak 1)

Les fondateurs de ces systèmes voient, en effet, les antagonismes de classe

Utemeljitelji ovih sustava doista vide klasne antagonizme

Ils voient aussi l'action des éléments en décomposition, dans la forme dominante de la société

oni također vide djelovanje elemenata koji se raspadaju, u prevladavajućem obliku društva

Mais le prolétariat, encore à ses débuts, leur offre le spectacle d'une classe sans aucune initiative historique

Ali proletarijat im još uvijek u povojima nudi spektakl klase bez ikakve povijesne inicijative

Ils voient le spectacle d'une classe sociale sans aucun mouvement politique indépendant

oni vide spektakl društvene klase bez ikakvog neovisnog političkog pokreta

Le développement de l'antagonisme de classe va de pair avec le développement de l'industrie

Razvoj klasnog antagonizma ide ujednačeno s razvojem industrije

La situation économique ne leur offre donc pas encore les conditions matérielles de l'émancipation du prolétariat

Dakle, ekonomska situacija im još uvijek ne nudi materijalne uvjete za emancipaciju proletarijata

Ils cherchent donc une nouvelle science sociale, de nouvelles lois sociales, qui doivent créer ces conditions

Oni stoga traže novu društvenu znanost, nove društvene zakone, koji će stvoriti te uvjete

l'action historique, c'est céder à leur action inventive personnelle

povijesno djelovanje je popuštanje njihovom osobnom inventivnom djelovanju

Les conditions d'émancipation créées historiquement doivent céder la place à des conditions fantastiques

povijesno stvoreni uvjeti emancipacije trebaju se prepustiti fantastičnim uvjetima

et l'organisation de classe graduelle et spontanée du prolétariat doit céder la place à l'organisation de la société

a postupna, spontana klasna organizacija proletarijata treba popustiti organizaciji društva

l'organisation de la société spécialement conçue par ces inventeurs

organizacija društva koju su posebno izmislili ovi izumitelji

L'histoire future se résout, à leurs yeux, dans la propagande et l'exécution pratique de leurs projets sociaux

Buduća povijest se u njihovim očima razrješava u propagandi i praktičnom provođenju njihovih društvenih planova

Dans l'élaboration de leurs plans, ils ont conscience de s'occuper avant tout des intérêts de la classe ouvrière

U oblikovanju svojih planova svjesni su da se uglavnom brinu za interese radničke klase

Ce n'est que du point de vue d'être la classe la plus souffrante que le prolétariat existe pour eux

Samo sa stanovišta da su klasa koja najviše pati, proletarijat postoji za njih

L'état sous-développé de la lutte des classes et leur propre environnement informent leurs opinions

Nerazvijeno stanje klasne borbe i vlastita okolina oblikuju njihova mišljenja

Les socialistes de ce genre se considèrent comme bien supérieurs à tous les antagonismes de classe

Socijalisti ove vrste smatraju se daleko superiornijima od svih klasnih antagonizama

Ils veulent améliorer la condition de tous les membres de la société, même celle des plus favorisés

Oni žele poboljšati stanje svakog člana društva, čak i onog najpovlaštenijeg

Par conséquent, ils s'adressent habituellement à la société dans son ensemble, sans distinction de classe

Stoga se obično obraćaju društvu u cjelini, bez razlike u klasi

Bien plus, ils font appel à la société dans son ensemble de préférence à la classe dirigeante

štoviše, oni se obraćaju društvu u cjelini preferirajući vladajuću klasu

Pour eux, tout ce qu'il faut, c'est que les autres comprennent leur système

Njima je potrebno samo da drugi razumiju njihov sustav

Car comment les gens peuvent-ils ne pas voir que le meilleur plan possible est le meilleur état possible de la société ?

Jer kako ljudi mogu ne vidjeti da je najbolji mogući plan za najbolje moguće stanje društva?

C'est pourquoi ils rejettent toute action politique, et surtout toute action révolutionnaire

Stoga odbacuju svaku političku, a posebno svaku revolucionarnu akciju

ils veulent arriver à leurs fins par des moyens pacifiques

oni žele postići svoje ciljeve mirnim putem

ils s'efforcent, par de petites expériences, qui sont nécessairement vouées à l'échec

oni nastoje malim eksperimentima koji su nužno osuđeni na neuspjeh

et par la force de l'exemple, ils essaient d'ouvrir la voie au nouvel Évangile social

i snagom primjera nastoje utrti put novom socijalnom evanđelju

De tels tableaux fantastiques de la société future, peints à une époque où le prolétariat est encore dans un état très sous-développé

Takve fantastične slike budućeg društva, naslikane u vrijeme kada je proletarijat još uvijek u vrlo nerazvijenom stanju

et il n'a encore qu'une conception fantasmatique de sa propre position

i još uvijek ima samo fantastičnu koncepciju vlastitog položaja

Mais leurs premières aspirations instinctives correspondent aux aspirations du prolétariat

Ali njihove prve instinktivne čežnje odgovaraju čežnjama proletarijata

L'un et l'autre aspirent à une reconstruction générale de la société

Oboje čeznu za općom rekonstrukcijom društva

Mais ces publications socialistes et communistes contiennent aussi un élément critique

Ali ove socijalističke i komunističke publikacije također sadrže kritički element

Ils s'attaquent à tous les principes de la société existante

Oni napadaju svaki princip postojećeg društva

C'est pourquoi ils sont remplis des matériaux les plus précieux pour l'illumination de la classe ouvrière

Stoga su puni najvrjednijih materijala za prosvjetljenje radničke klase

Ils proposent l'abolition de la distinction entre la ville et la campagne, et la famille

predlažu ukidanje razlike između grada i sela, a obitelj

la suppression de l'exercice de l'industrie pour le compte des particuliers

ukidanje obavljanja djelatnosti za račun privatnih osoba

et l'abolition du salariat et la proclamation de l'harmonie sociale

i ukidanje sustava plaća i proglašenje društvenog sklada

la transformation des fonctions de l'État en une simple surveillance de la production

pretvaranje funkcija države u puki nadzor nad proizvodnjom

Toutes ces propositions ne pointent que vers la disparition des antagonismes de classe

Svi ovi prijedlozi ukazuju isključivo na nestanak klasnih antagonizama

Les antagonismes de classe ne faisaient alors que surgir

klasni antagonizmi su se u to vrijeme tek pojavljivali

Dans ces publications, ces antagonismes de classe ne sont reconnus que dans leurs formes les plus anciennes, indistinctes et indéfinies

U ovim publikacijama ti su klasni antagonizmi prepoznati samo u svojim najranijim, nejasnim i nedefiniranim oblicima

Ces propositions ont donc un caractère purement utopique

Ti su prijedlozi, dakle, čisto utopijskog karaktera

La signification du socialisme et du communisme critiques-utopiques est en relation inverse avec le développement historique

Značaj kritičko-utopijskog socijalizma i komunizma ima obrnuti odnos s povijesnim razvojem

La lutte de classe moderne se développera et continuera à prendre une forme définitive

Moderna klasna borba će se razvijati i nastaviti poprimati određeni oblik

Cette réputation fantastique du concours perdra toute valeur pratique

Ovaj fantastičan status s natječaja izgubit će svu praktičnu vrijednost

Ces attaques fantastiques contre les antagonismes de classe perdront toute justification théorique

Ovi fantastični napadi na klasne antagonizme izgubit će svako teoretsko opravdanje

Les initiateurs de ces systèmes étaient, à bien des égards, révolutionnaires

Začetnici ovih sustava bili su, u mnogim aspektima, revolucionarni

Mais leurs disciples n'ont, dans tous les cas, formé que des sectes réactionnaires

ali njihovi su učenici, u svakom slučaju, formirali puke reakcionarne sekte

Ils s'en tiennent fermement aux vues originales de leurs maîtres

Čvrsto se drže izvornih pogleda svojih gospodara

Mais ces vues s'opposent au développement historique progressif du prolétariat

Ali ti su pogledi u suprotnosti s progresivnim povijesnim razvojem proletarijata

Ils s'efforcent donc, et cela constamment, d'étouffer la lutte des classes

Oni, stoga, nastoje, i to dosljedno, umrtviti klasnu borbu

et ils s'efforcent constamment de concilier les antagonismes de classe

i dosljedno nastoje pomiriti klasne antagonizme

Ils rêvent encore de la réalisation expérimentale de leurs utopies sociales

Još uvijek sanjaju o eksperimentalnoj realizaciji svojih društvenih utopija

ils rêvent encore de fonder des « phalanstères » isolés et d'établir des « colonies d'origine »

još uvijek sanjaju o osnivanju izoliranih "falanstera" i osnivanja "matičnih kolonija"

ils rêvent de mettre en place une « Petite Icarie » – éditions duodecimo de la Nouvelle Jérusalem

sanjaju o osnivanju "Male Ikarije" – duodecimo izdanja Novog Jeruzalema

Et ils rêvent de réaliser tous ces châteaux dans les airs

i sanjaju da ostvare sve te dvorce u zraku

Ils sont obligés de faire appel aux sentiments et aux bourses des bourgeois

oni su prisiljeni apelirati na osjećaje i torbe buržoazije

Peu à peu, ils s'enfoncent dans la catégorie des socialistes conservateurs réactionnaires décrits ci-dessus

Postupno tonu u kategoriju reakcionarnih konzervativnih socijalista prikazanih gore

ils ne diffèrent de ceux-ci que par une pédanterie plus systématique

od njih se razlikuju samo sustavnijom pedantnošću

et ils diffèrent par leur croyance fanatique et superstitieuse aux effets miraculeux de leur science sociale

i razlikuju se po svom fanatičnom i praznovjernom vjerovanju u čudesne učinke svoje društvene znanosti

Ils s'opposent donc violemment à toute action politique de la part de la classe ouvrière

Oni se, stoga, nasilno protive svakom političkom djelovanju radničke klase

une telle action, selon eux, ne peut résulter que d'une incrédulité aveugle dans le nouvel Évangile

takvo djelovanje, prema njima, može proizaći samo iz slijepe nevjere u novo Evanđelje

Les owénistes en Angleterre et les fouriéristes en France s'opposent respectivement aux chartistes et aux réformistes

Oweniti u Engleskoj, a Fourieristi u Francuskoj, protive se chartistima i "Réformistesima"

Position des communistes par rapport aux divers partis d'opposition existants
Položaj komunista u odnosu na različite postojeće suprotstavljene stranke

La section II a mis en évidence les relations des communistes avec les partis ouvriers existants
Odjeljak II razjasnio je odnose komunista s postojećim strankama radničke klase
comme les chartistes en Angleterre et les réformateurs agraires en Amérique
kao što su chartisti u Engleskoj i agrarni reformatori u Americi
Les communistes luttent pour la réalisation des objectifs immédiats
Komunisti se bore za postizanje neposrednih ciljeva
Ils luttent pour l'application des intérêts momentanés de la classe ouvrière
oni se bore za provedbu trenutnih interesa radničke klase
Mais dans le mouvement politique d'aujourd'hui, ils représentent et s'occupent aussi de l'avenir de ce mouvement
Ali u političkom pokretu sadašnjosti, oni također predstavljaju i brinu se o budućnosti tog pokreta
En France, les communistes s'allient avec les social-démocrates
U Francuskoj su se komunisti udružili sa socijaldemokratima
et ils se positionnent contre la bourgeoisie conservatrice et radicale
i oni se pozicioniraju protiv konzervativne i radikalne buržoazije
cependant, ils se réservent le droit d'adopter une position critique à l'égard des phrases et des illusions traditionnellement héritées de la grande Révolution
međutim, oni zadržavaju pravo da zauzmu kritičko stajalište u vezi s frazama i iluzijama koje su se tradicionalno prenosile iz velike revolucije

En Suisse, ils soutiennent les radicaux, sans perdre de vue que ce parti est composé d'éléments antagonistes

U Švicarskoj podržavaju radikale, ne gubeći iz vida činjenicu da se ta stranka sastoji od antagonistickih elemenata

en partie des socialistes démocrates, au sens français du terme, en partie de la bourgeoisie radicale

dijelom demokratskih socijalista, u francuskom smislu, dijelom radikalne buržoazije

En Pologne, ils soutiennent le parti qui insiste sur la révolution agraire comme condition première de l'émancipation nationale

U Poljskoj podržavaju stranku koja inzistira na agrarnoj revoluciji kao glavnom uvjetu za nacionalnu emancipaciju

ce parti qui fomenta l'insurrection de Cracovie en 1846

ona stranka koja je potaknula pobunu u Krakovu 1846. godine

En Allemagne, ils luttent avec la bourgeoisie chaque fois qu'elle agit de manière révolutionnaire

U Njemačkoj se bore s buržoazijom kad god ona djeluje na revolucionaran način

contre la monarchie absolue, l'escroc féodal et la petite bourgeoisie

protiv apsolutne monarhije, feudalne vjeverice i sitne buržoazije

Mais ils ne cessent jamais, un seul instant, inculquer à la classe ouvrière une idée particulière

Ali oni nikada ne prestaju, ni na trenutak, usaditi u radničku klasu jednu određenu ideju

la reconnaissance la plus claire possible de l'antagonisme hostile entre la bourgeoisie et le prolétariat

najjasnije moguće priznanje neprijateljskog antagonizma između buržoazije i proletarijata

afin que les ouvriers allemands puissent immédiatement utiliser les armes dont ils disposent

kako bi njemački radnici mogli odmah upotrijebiti oružje koje im je na raspolaganju

les conditions sociales et politiques que la bourgeoisie doit nécessairement introduire en même temps que sa suprématie

društvene i političke uvjete koje buržoazija nužno mora uvesti zajedno sa svojom nadmoći

la chute des classes réactionnaires en Allemagne est inévitable

pad reakcionarnih klasa u Njemačkoj je neizbježan

et alors la lutte contre la bourgeoisie elle-même peut commencer immédiatement

i tada bi borba protiv same buržoazije mogla odmah započeti

Les communistes tournent leur attention principalement vers l'Allemagne, parce que ce pays est à la veille d'une révolution bourgeoise

Komunisti svoju pažnju uglavnom usmjeravaju na Njemačku, jer je ta zemlja uoči buržoaske revolucije

une révolution qui ne manquera pas de s'accomplir dans des conditions plus avancées de la civilisation européenne

revolucija koja će se sigurno provesti u naprednijim uvjetima europske civilizacije

Et elle ne manquera pas de se faire avec un prolétariat beaucoup plus développé

i to će se sigurno provoditi s mnogo razvijenijim proletarijatom

un prolétariat plus avancé que celui de l'Angleterre au XVIIe siècle, et celui de la France au XVIIIe siècle

proletarijat napredniji od onog u Engleskoj bio je u sedamnaestom stoljeću, a Francuske u osamnaestom stoljeću

et parce que la révolution bourgeoise en Allemagne ne sera que le prélude d'une révolution prolétarienne qui suivra immédiatement

i zato što će buržoaska revolucija u Njemačkoj biti samo uvod u proletersku revoluciju koja će odmah uslijediti

Bref, partout les communistes soutiennent tout mouvement révolutionnaire contre l'ordre social et politique existant

Ukratko, komunisti posvuda podržavaju svaki revolucionarni pokret protiv postojećeg društvenog i političkog poretka stvari

Dans tous ces mouvements, ils mettent au premier plan, comme la question maîtresse de chacun d'eux, la question de la propriété

U svim tim pokretima oni dovode u prvi plan, kao vodeće pitanje u svakom od njih, pitanje vlasništva

quel que soit son degré de développement dans ce pays à ce moment-là

bez obzira na stupanj razvijenosti u toj zemlji u to vrijeme

Enfin, ils œuvrent partout pour l'union et l'accord des partis démocratiques de tous les pays

Konačno, oni posvuda rade za ujedinjenje i dogovor demokratskih stranaka svih zemalja

Les communistes dédaignent de dissimuler leurs vues et leurs objectifs

Komunisti preziru skrivanje svojih stavova i ciljeva

Ils déclarent ouvertement que leurs fins ne peuvent être atteintes que par le renversement par la force de toutes les conditions sociales existantes

Oni otvoreno izjavljuju da se njihovi ciljevi mogu postići samo nasilnim rušenjem svih postojećih društvenih uvjeta

Que les classes dirigeantes tremblent devant une révolution communiste

Neka vladajuće klase drhte pred komunističkom revolucijom

Les prolétaires n'ont rien d'autre à perdre que leurs chaînes

Proleteri nemaju što izgubiti osim svojih lanaca

Ils ont un monde à gagner

Imaju svijet za pobjedu

TRAVAILLEURS DE TOUS LES PAYS, UNISSEZ-VOUS !

RADNICI SVIH ZEMALJA, UJEDINITE SE!